안녕, 내 친구
토머스 앨바 에디슨

안녕, 내 친구 **토머스 앨바 에디슨**

펴낸날 | 2000년 10월 25일 초판 발행
　　　　　2009년　1월 20일　9쇄 발행

글쓴이 | 서관순

그린이 | 임연기

펴낸이 | 양철우

펴낸데 | (주)교학사

주　소 | 서울 특별시 마포구 공덕동 105-67

전　화 | 영업 (02) 7075-156
　　　　　편집 (02) 7075-333

등　록 | 1962년 6월 26일 (18-7)

편집 책임 | 조선희

편집 교정 | 이근주 · 박세연 · 박승희

ⓒ서관순, 2000

ISBN 978-89-09-06325-8

세기의 인물과 함께 열어 가는 새 천년　　BOOKWORM 21C@10~13

위인전에 대한 고정 관념을 깨고, 이젠 새로운 위인전을 읽는다!

안녕, 내 친구
토머스 앨바 에디슨

(주)교학사

에디슨이 위대한 까닭······

정보 통신이 발달하면서 성큼 다가온 가상 사회에서 에디슨이라는 인물이 우리에게 의미가 있다면 그것은 무엇 때문일까요? 세계 최고의 발명가로서 우리의 생활을 편리하게 해 주었기 때문일까요? 아니면 학교라고는 초등 학교 3개월 다닌 것이 전부인 그가 누구도 따를 수 없는 위대한 발명가가 되었기 때문일까요? 물론 이런 것들이 우리가 에디슨을 존경하고 따르는 이유이기도 합니다.

하지만 '에디슨의 생애'를 읽는 우리들은 그가 위대한 발명가이기 때문에 의미 있는 인물이라고 이야기해서는 안 됩니다. 초라한 학력의 소유자인 그가 뛰어난 발명가가 되었기 때문에 존경한다고 말해서도 안 됩니다. 그의 삶에서 우리가 배울 점은 무엇인지 그것을 놓치지 않고 읽을 수 있어야 합니다.

팔십 평생을 살다 간 그가 어떤 자세로 세상을 살아왔는지, 무엇을 가장 소중하게 여기며 자신의 삶을 엮어 왔는지 그런 것들에 마음 모으며 읽어야 합니다. 그래야 이 책 한 권을 읽기 위해 투자한 시간이

아깝지 않을 수 있겠지요?
 '어떤 일을 이루려고 애쓸 때 높은 암벽을 기어오르는 것 같았다.'
 에디슨이 한 말입니다. 누구나 그렇듯이 그에게도 수많은 시련과 아픔이 찾아왔습니다. 그것들 앞에서 '위대한 발명가' 에디슨도 막막한 심정이 되어 포기하고 싶은 순간들이 많았다고 합니다. 하지만 그는 '절망하는 것은 스스로 용서하지 않았다.'고 돌아본 적이 있듯이 절망감이 밀려올 때마다 자신을 채찍질하며 그 시간들을 이겨냈습니다. 귀가 잘 들리지 않는 불행 앞에서도 오히려 일에 몰두할 수 있는 좋은 조건이라 여기며 발명에 매진할 수 있었던 것이지요.
 발명가란 우리가 생각하는 것만큼 그렇게 매력 있는 직업이 아닙니다. 발명이라고 하는 것이 어느 한 순간 반짝이는 생각이 떠올라 그대로 실험만 하면 곧바로 나타나는 기적이나 마술과 같은 것이 아니기 때문이지요. 어떤 생각 한 가지가 떠오르면 이렇게도 궁리해 보고 저렇게도 궁리해 보는 시간이 충분히 필요한 일입니다.

　그런 다음 이런저런 방법으로 실험을 하는 단계가 뒤따릅니다. 그래서 발명하는 사람들은 많이 지치고 힘들어 합니다. 예를 들어 거의 같은 내용의 실험을 일 년 내내 한다고 생각해 보세요. 아주 단순한 일을 되풀이한다는 것은 어지간한 참을성으로는 이겨낼 수 없는 일입니다.

　그런데 에디슨은 그와 같은 일을 팔십 평생 동안 했습니다. 그의 손을 거쳐 간 1,000가지가 넘는 발명품 중에는 생각보다 쉽게 만들어진 것도 있지만, 몇 년의 시간이 흐른 뒤에야 완성한 것들도 많습니다. 그가 대단한 인내력을 갖고 있었기에 빛을 본 발명품이 많다는 말이기도 한 셈이지요.

　우리는 이처럼 '위대한 발명가'라는 호칭 뒤에 숨어 있는 에디슨의 진짜 모습까지 읽을 수 있어야 합니다. 그런 뒤에야 에디슨이 참으로 '위대한 발명가'라는 사실에 고개를 끄덕일 수 있을 것입니다. 그리고 그가 정말 99퍼센트의 노력으로 만들어진 천재라는 사실에도

   공감할 수 있을 것입니다.

   물론 에디슨이 위대한 발명가가 될 수 있었던 것은 그가 살았던 시대가 준 영향이 컸습니다. 새로운 발명품을 필요로 하는 시대였고, 발명가들이 발명에 매진할 수 있도록 여러 가지 조건이 무르익은 상황이었던 것입니다. 하지만 에디슨이 새로운 발명을 향해 나아가는 길을 포기했거나 절망이 닥쳐올 때 물러섰더라면 발명가라는 그의 직업 앞에 '위대한'이라는 찬사는 붙지 않았을 것입니다.

   이 책을 읽는 어린이들 모두는 한 가지 잊지 말았으면 하는 것이 있습니다. 에디슨이 위대한 것은 그가 수많은 발명을 했기 때문이 아니라 그의 삶이 위대했기 때문이라는 것을 말입니다.

서관순

차 례

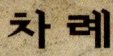

어린 시절 Ⅰ
짧았던 학교 생활

달걀을 품은 엉뚱한 아이 · 15
　분석해서 보기ㅣ미국은 에디슨을 필요로 했고, 에디슨은 그에 맞추어 태어났다! · 18
난 학교가 싫어요 · 24
　분석해서 보기ㅣ공부와 담을 쌓은 천재들 · 30

어린 시절 Ⅱ
나는야 꼬마 실험가

지하실에 꾸민 실험실 천국 · 35
　분석해서 보기ㅣ어린 에디슨을 감동시킨 책 · 37
실험을 위해 신문팔이가 되다 · 41
　분석해서 보기ㅣ에디슨, 신문사 사장이 되다! · 44

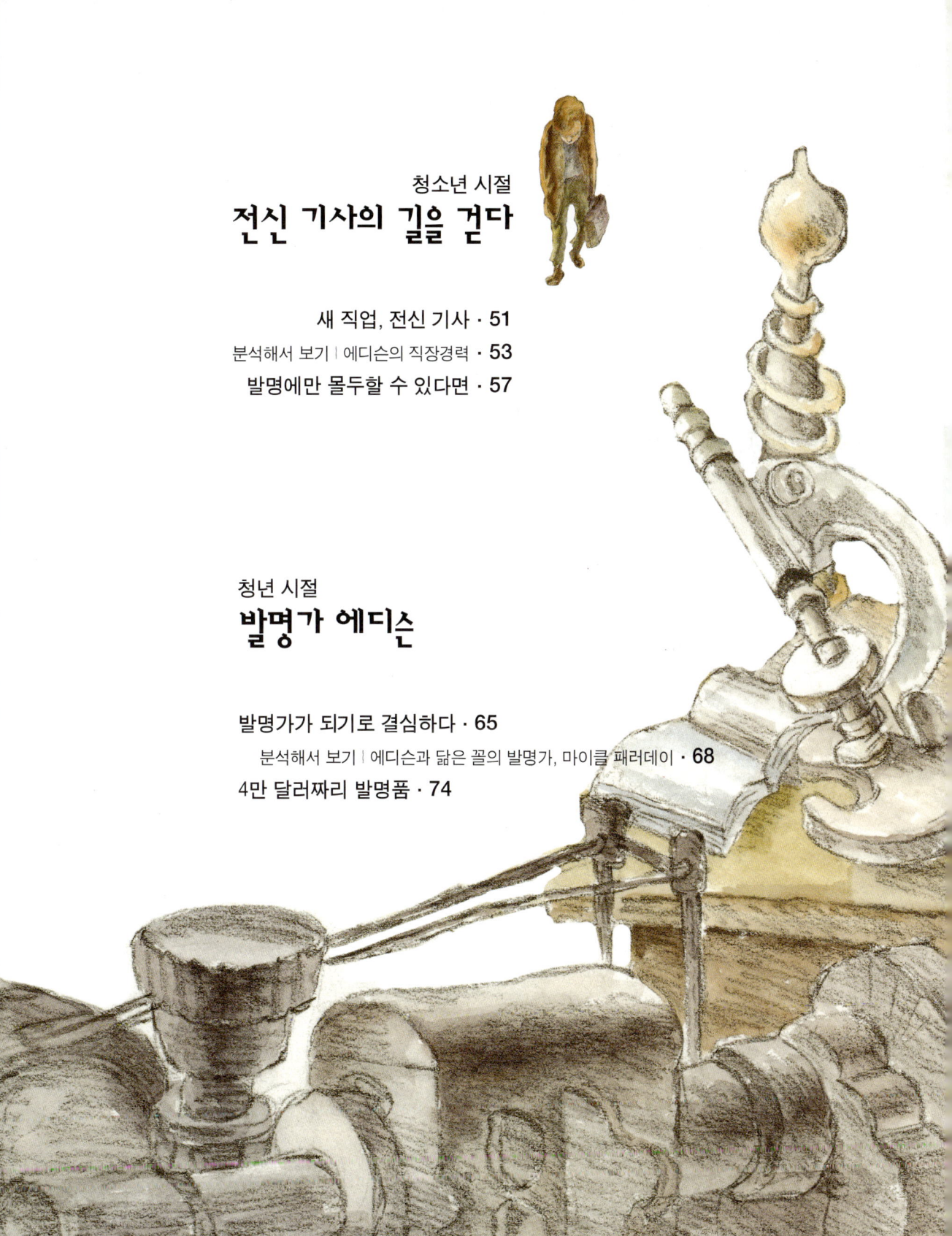

청소년 시절
전신 기사의 길을 걷다

새 직업, 전신 기사 · 51
분석해서 보기 | 에디슨의 직장경력 · 53
발명에만 몰두할 수 있다면 · 57

청년 시절
발명가 에디슨

발명가가 되기로 결심하다 · 65
분석해서 보기 | 에디슨과 닮은 꼴의 발명가, 마이클 패러데이 · 68
4만 달러짜리 발명품 · 74

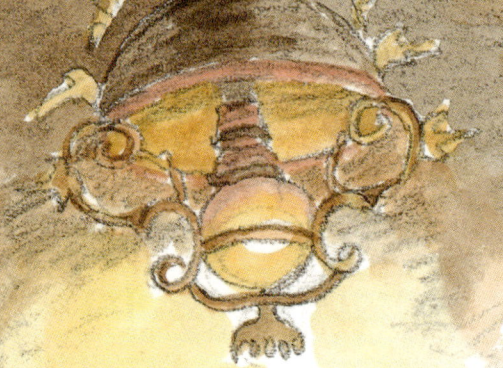

멘로파크의 마술사, 에디슨

바쁜 나날들, 그리고 · 85
  분석해서 보기 | 자상한 아버지, 에디슨 · 96
수천 번의 실험 끝에 탄생한 전화기 · 97
말하는 기계 축음기 · 106

백열등 발명에 쏟은 정열

전기를 빛으로 · 119
  분석해서 보기 | 에디슨이 발명가로 성공한 데는 여러 가지 이유가 있다고요? · 128
힘겨운 시간을 이기고 · 129
  분석해서 보기 | 사장으로서의 에디슨 · 134
어둠을 몰아내다 · 137
에디슨, 비난받다 · 150
영상 시대를 예고하다 · 159
  분석해서 보기 | 에디슨은 모든 발명품에 특허를 냈을까 · 162

새로운 사업에 뛰어들다

철광 사업의 실패 · 169
  분석해서 보기 | 발명왕 에디슨 · 178
전쟁과 휴식 · 180
발명왕 에디슨과 자동차왕 포드 · 188
  분석해서 보기 | 에디슨의 친구, 자동차의 왕 포드 · 192

토머스 앨바 에디슨의 연보 · 199

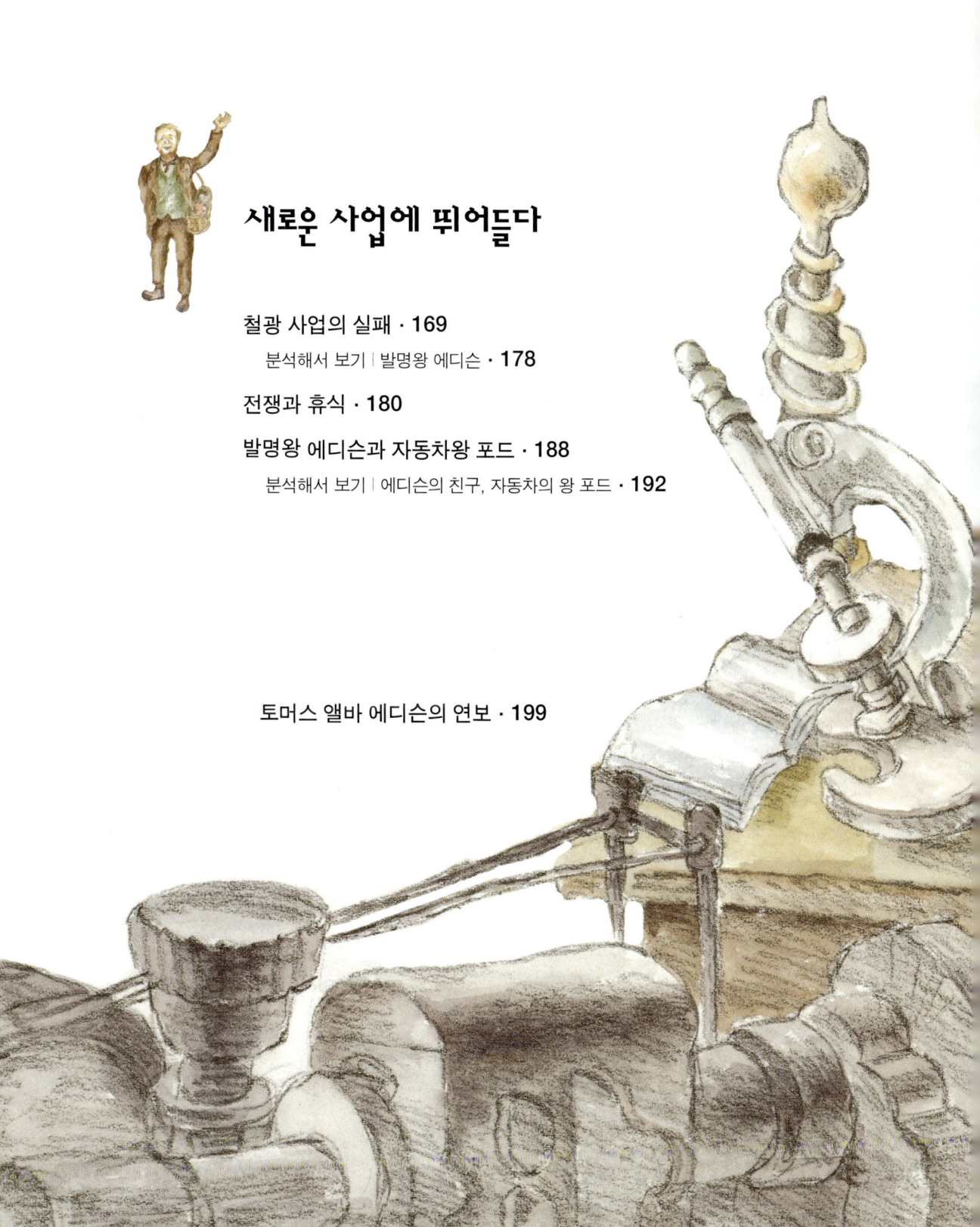

에디슨에 대한 사전 지식

천재는 1퍼센트의 영감과 99퍼센트의 노력으로 태어난다

에디슨이 태어날 무렵의 미국은 큰 변화의 시기였다. 유럽에서 시작된 산업 혁명의 물결이 밀려들었을 뿐 아니라, 흑인 노예 제도에 대한 찬반 논쟁이 끊이지 않고 있었다. 사람들은 황금을 찾아 서부로 몰려갔고, 증기선과 철도 등 새로운 교통 수단이 나타났다.

천재적인 발명가 에디슨이 바로 이 시기에 태어났다. 에디슨은 학교라고는 단지 석 달밖에 다녀 본 적이 없다. 그렇지만 에디슨은 남들보다 더 많이 생각했고, 생각한 것을 행동으로 옮기려고 노력했다. 어린 시절, 그렇게 생각에 몰두한 에디슨을 두고 사람들은 바보라고 여길 정도였다.

에디슨은 무려 1300여 가지에 이르는 발명을 했다. 누구보다 많은 생각을 했고, 그것을 행동으로 옮길 줄 안 에디슨이었기에 가능한 것이었다. 오늘날 우리 생활에 꼭 필요한 전신, 전화, 전등, 발전기, 영사기, 타이프라이터, 축음기 등이 다 에디슨이 발명한 것들이다.

그러나 에디슨이 우리 인류에게 소중하게 기억되는 것은, 인간이 쌓아 온 과학 지식을 인간을 위한 쓸모 있는 과학으로 바꾸어 놓았기 때문이다. 에디슨은 응용 과학의 시대를 연 인물로서, 과학을 인간을 위한 과학으로 바꾸어 놓았던 것이다.

어린 시절 |
짧았던 학교 생활

달걀을 품은 엉뚱한 아이

1847년 2월 11일, 미국 오하이오 주 밀란 마을에는 밤새 눈이 내리고 있었다. 밤새 내린 눈은 새벽이 되어서는 거센 바람과 함께 눈보라가 되어 휘몰아쳤다.

그 때쯤, 통나무로 만든 허름한 집에서는 고통스런 여자의 신음 소리가 차츰 빨라지고 있었다. 그리고 여자의 신음 소리가 어느 순간 비명이 되어 토해지자, 이내 갓난아기의 울음소리가 캄캄한 눈보라 속으로 퍼져나갔다.

에디슨이 태어난 것이었다. 다른 아기들보다 조금 더 큰 머리에 금빛 머리카락을 가진 사내 아기, 20세기 문명을 화려하게 수놓을 토머스 앨바 에디슨. 바로 발명왕 에디슨이 세상에 태어난 것이다.

그 때, 에디슨의 아버지 새무엘은 나무를 켜서 파는 제재소를 운영하였다. 어머니 낸시는 결혼하기 전에 학교 선생님을 했는데, 똑똑하고 지혜로운 여성이었다. 에디슨은 이들 부부의 일곱 번째 아이로 태어났다. 그런데 에디슨 바로 위의 세 형제가 어려서 죽었기 때문에 네 번째 아이인 셈이었다.

미국에는 일곱 번째 아이로 태어나면 신비한 힘을 지닌 마술사가 된다는 재미난 이야기가 있다. 그래서일까. 어머니와 아버지는 갓 태어난 아기에게 무언가 새로운 희망이 가득함을 느낄 수 있었다. 부부는 왠지 특별한 아이가 되어 자신들의 기대를 채워 줄 것만 같은 아기를 사랑 가득한 눈으로 바라보고 또 바라보았다. 특히 어머니인 낸시는 새로 태어난 아기가 특별하게 생각되었다. 다른 아이들보다 큰 머리가 더욱 그런 희망을 갖게 했다.

에디슨이 태어난 오하이오 주의 밀란은 작은 마을이었다. 그렇지만 언제나 사람들로 북적댔다. 곡식을 다른 곳으로 실어 나르는 뱃길이 있기 때문이었다. 일리 호수는 바다처럼 넓고 깊어 250톤이나 되는 큰 배도 거뜬히 지나다닐 수 있었다. 오하이오 주에서 나오는 밀을 다른 고장으로 실어가기 위해 하루에도 300대나 되는 짐마차가 이 호수 마을로 모여들었다.

어린 에디슨의 눈에 비친 고향 마을은 무언가 활기가 넘치는 그런 곳이었다. 사람과 짐을 가득 실은 큰 배가 부지런히 호수를 오가고, 수많은 짐마차가 줄을 지어 들어왔다가는 빠져나가는 밀란 마을.

워낙 호기심이 많은 아이였던 에디슨은 이런 모습들을 보고 그

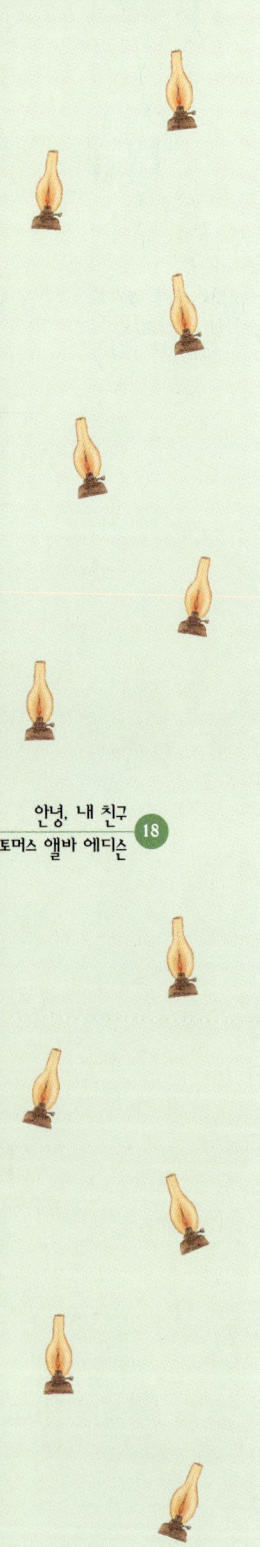

분석해서 보기
미국은 에디슨을 필요로 했고, 에디슨은 그에 맞추어 태어났다!

　에디슨이 태어날 무렵의 미국은 영국의 식민지에서 벗어난 지 겨우 70여 년이 지난 뒤였다. 그런 만큼 미국은 새 나라의 모습을 갖춘 상태였다. 따라서 많은 부분에서 새로운 발판을 다져가던 시점이었다. 정치적으로는 링컨이 국회 의원이 되어 흑인 노예 제도를 반대하며 그의 이름이 알려지고 있었다.

　교통 수단으로는 증기선이 등장한 데 이어 철도가 놓이고 기차가 다니기 시작했다. 철도가 놓인 곳에는 모스가 발명한 전신기가 사용되고 있었다. 또 시카고에서는 맥코믹이 발명한, 곡식을 거둬들이는 기계를 만드는 큰 공장도 세워졌다. 사회 전체적으로 발전의 움직임이 꿈틀대던 시기였던 것이다. 따라서 새로운 발명품을 만들어 내는 발명가와 새 물건을 생산해 내는 기술자들이 많이 필요했다. 부족한 점은 많았지만 모든 분야에서 기계화를 향해 움직이고 있었던 것이다.

　결국 에디슨은 재능 있는 사람을 필요로 하는 시대에 태어났다고 할 수 있다.

　준비된 시대에 태어난 에디슨은 그가 갖고 있는 능력을 맘껏 발휘할 수 있었다. 따라서 당시 사회 분위기와 에디슨이라는 인물이 환상적인 조화를 이루었다고 할 수도 있겠다.

냥 지나치는 법이 없었다. 그러다가 밀을 옮기는 커다란 엘리베이터 사이로 떨어진 일도 있었고, 호수에 빠져 죽을 뻔한 적도 있었다.

에디슨은 그림을 잘 그리는 피트 형을 따라 밀가루 공장, 배를 만드는 조선소, 동네의 작은 가게들을 기웃거렸다. 피트 형이 스케치를 할 때 에디슨도 형 곁에서 그림을 그렸다.

에디슨의 그림은 주로 간판의 글씨였다. 글씨를 아직 익히지 못했지만 똑같이 그리려고 애를 썼다.

사물을 정확하게 보려는 에디슨의 이런 습관은 뒷날 그가 발명을 하는 데 큰 힘이 되었다. 에디슨은 궁금한 것이 생기면 누구한테고 질문하는 걸 잊지 않았다.

"엄마, 큰 배가 어떻게 물에 떠요? 난 자꾸만 가라앉는데."

"아저씨, 저기 꼭대기에 올라가면 별을 딸 수 있나요?"

"바람네 집은 어디야? 형!"

그러나 모든 사람들이 에디슨의 질문에 그때 그때 친절하게 대답해 준 것은 아니었다.

엉뚱한 질문이 잦아지자 에디슨이 뇌염에 걸려 머리가 돌았다고 수군거리는 사람들도 있었다.

에디슨이 나타나면 고개를 돌리고 그냥 지나치는 사람들도 생겨났다. 그러는 사람들을 나쁘다고 할 수도 없었다. 에디슨은 나무나 쇳덩이리도 말할 수 있다고 우긴 적도 많았으니까.

그렇지만 엄마인 낸시만은 에디슨을 믿었다. 낸시는 자신의 아들이 그 또래의 아이들보다 궁금한 것이 많은 정상적인 아이라는 것을. 그리고 그가 다른 아이들보다 좀 특별한 데가 있다고 생각했다.

에디슨의 호기심은 때로 문제를 일으키기도 했다. 어느 날은 불이 일으키는 변화를 알아보겠다고 닭장에 불을 놓아 버렸던 것이다. 집이 불타거나 사람이 다치지 않아서 그나마 다행이었다. 그 일로 에디슨은 아버지에게 종아리에 피가 나도록 얻어맞았다.

에디슨이 어디 갔는지 보이지 않았다. 낸시는 아들이 또 집안 어디인가에서 무엇을 만지작거리고 있겠거니 생각했다. 그런데 몇 시간이 지나도록 보이지 않자 슬슬 걱정이 되기 시작했다. 불쑥 나타나 "이건 왜 이래요? 엄마!" 하고 물을 때가 되었는데도 에디슨의 모습은 보이지 않았다.

"에디슨!"

아무리 크게 불러도 대답이 없었다. 엄마는 창고 문을 열어 보았다. 거기에도 에디슨은 없었다.

에디슨이 있을 만한 데를 샅샅이 뒤졌는데도 찾을 수가 없었다. 엄마는 에디슨이 집안에 없는 모양이라고 생각했다. 밖에서 친구들과 어울려 노는 데 정신이 팔려 있나 보다 생각했다.

그 때였다. 헛간 쪽에서 꼬꼬댁거리는 닭 울음소리가 들려왔다. 닭이 알을 낳을 때 내는 소리였다. 엄마는 헛간으로 가 보았다. 닭들이 파닥거리며 헛간을 헤집고 다녔.

닭은 한 마리가 움직이기 시작하면 여러 마리가 덩달아 시끄럽게 하는 습성이 있었다.

　알을 꺼내려고 짚더미 쪽으로 고개를 들이밀던 엄마는 그만 소스라치게 놀랐다. 에디슨이 짚더미 위에 웅크리고 앉아 있었던 것이다. 그가 입에 손가락을 대며 조용히 하라는 신호를 하지 않았다면 비명을 지르고 말았을 것이다.

　어리둥절해진 엄마를 보고 에디슨은 손가락으로 자신의 배 밑을 가리켰다. 그 곳을 보라는 손짓이었다. 그의 배 밑에는 달걀 서너 개가 가지런히 놓여 있었다. 엄마는 에디슨이 무얼 하고 있는지 금방 눈치를 챘다.

　엄마는 에디슨을 안아 땅에 내려놓았다. 그리고 달걀을 꺼내 들었다.

　"엄마, 엄마. 병아리가 달걀 안에 들었대요."

　"그걸 어떻게 알았니?"

엄마는 에디슨의 머리를 쓰다듬으며 물었다.

　"엄마 닭이 알을 품으니까 병아리가 나오잖아."

　"그래서 너도 알을 품고 있었니?"

　"응, 엄마. 근데 내 달걀은 왜 병아리가 안 돼요?"

엄마 손에 들린 달걀을 들여다보며 물었다.

　"엄마 닭이 계속해서 따뜻하게 품고 있어야 병아리가 되는 거란다."

　"내가 계속 품어 주면 병아리가 되나요?"

　"그렇긴 하지. 근데 며칠 동안 품어 줄 수 있어?"

"며칠씩이나요?"

눈을 동그랗게 뜬 걸 보니 아무래도 자신이 없는 모양이었다. 엄마는 빙긋이 웃으며

"우리 아들도 엄마가 제일 잘 돌보지? 병아리가 되는 것도 엄마 닭이 가장 잘 할 수 있는 거야."

선생님이 학생에게 설명을 하듯 엄마는 에디슨에게 자세히 일러 주었다. 에디슨은 알겠다는 듯이 머리를 끄덕였다.

잠깐 상식

달걀은 어떤 조건에서 병아리가 될까?

알이 병아리가 되려면 21일 정도 어미닭이 품고 있어야 한다. 이 때 알맞은 온도는 37℃~38℃이다. 온도가 가장 중요한 조건이지만 적당한 습도도 필요하다.

요새는 어미닭이 품을 때와 같은 온도와 습도를 유지해서 많은 병아리를 한꺼번에 까는 부화기를 통해 인공으로 알을 까기도 한다.

난 학교가 싫어요

에디슨이 일곱 살이 되었을 때, 에디슨의 가족들은 미시간 주의 포트 휴런으로 이사를 가게 되었다. 이 곳은 예전에 살던 오하이오 주의 밀란 마을과 그리 멀지 않은 곳에 있었다.

이웃 마을에 철도가 생기자 밀란 마을을 찾아오는 사람이 뜸해져 돈을 벌 수가 없었던 것이다. 이 철도는 원래 밀란 마을에 생길 예정이었다. 그런데 마을 사람들이 반대를 했다. 강이 있기 때문에 뱃길을 통해 물건을 실어 나를 수 있다고 생각했던 것이다. 그러나 기차가 배보다 훨씬 편리해 사람들은 너나없이 기차를 이용했다. 물건을 실어 나르는 데도 번거로움이 덜한 기차를 이용하게 되었다. 사람들은 자연스럽게 밀란 마을을 가지 않게 되었고, 그 곳에서 장사를 하는 사람들은 문을 닫을 수밖에 없었던 것이다.

미국 오하이오 주의 밀란에 있는 에디슨의 집

　포트 휴런으로 이사를 한 아버지는 집 짓는 데 필요한 나무, 가축의 먹이, 밀 따위를 팔았다. 그리고 30미터 높이의 전망대를 세워 낡은 망원경을 설치했다. 근처의 아름다운 호수를 구경하게 하고 돈을 벌 속셈이었다. 하지만 생각만큼 돈을 벌 수가 없었다. 돈을 내고 망원경을 들여다보는 사람이 많지 않았기 때문이다.
　이 전망대를 가장 좋아하는 사람은 다름아닌 에디슨이었다. '에디슨의 바벨탑'이라는 별명이 붙은 전망대답게 말이다. 에디슨은 이 곳에서 온종일 망원경 속의 경치를 내려다보며 지내곤 했다. 먼 곳의 사물이 손에 잡힐 듯 가깝게 다가오는 게 어린 에디슨에게는 신기하기만 했던 것이다.

　에디슨은 새로 이사한 포트 휴런에서 초등 학교를 다녔다. 다른 아이들보다 1년 늦은 여덟 살 때였다. 학교라고 해 봤자 작은 교실 한 칸이 전부인 곳이었다. 선생님은 앵글 목사와 그의 부인 두 사람뿐이었다. 이들 선생님은 아주 무서워서 아이들에게는 호랑이 선생님으로 통했다.

　정식 학교가 많지 않던 시절이라 이런 작은 학교에 다니는 학생들이 대부분이었다. 따라서 학교 다니는 때를 놓친 학생들도 많았다. 에디슨이 다니는 학교에도 그보다 작은 학생부터 열여덟 살의 젊은이까지 다양한 학생들이 속해 있었다. 한데 뒤섞인 학생들은 작은 교실에서 왁자지껄 떠들어댔다.

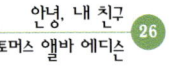

　초등 학생이 된 에디슨은 학교 생활에 잘 적응하지 못했다. 성적은 언제나 꼴찌였다. 공부 시간에도 혼자서 그림을 그리거나 먼 산을 바라보며 골똘히 생각에 젖어 있고는 했다. 선생님이 몇 번이나 이름을 불러도 제때 대답을 못할 만큼 딴 생각에 빠져 있기 일쑤였다. 선생님이 그런 에디슨을 곱게 볼 리가 없었다. 꾸지람을 하고 회초리를 들어 종아리를 때렸다.

　그러던 어느 날이었다. 그 날도 에디슨은 엉뚱한 공상에 빠져 혼자서 히죽거리고 있었다. 설명을 열심히 하고 있던 선생님 눈에 그런 에디슨의 모습이 들어왔다.

　"에디슨! 너는 맨날 그 모양이구나."

　교탁 앞에 똑바로 선 선생님은 에디슨을 향해 한 마디 쏘아붙였

다. 그러나 에디슨은 아무런 반응도 보이지 않았다. 그 때까지도 공상에 빠져 있었던 것이다. 그런 모습이 선생님을 더욱 화나게 했다.

"에디슨! 넌 머리가 돌았어."

에디슨 곁으로 다가간 선생님은 들고 있던 회초리로 그의 머리를 내리쳤다. 그제야 자리에서 벌떡 일어난 에디슨은 아린 머리를 매만지며 울기 시작했다. 아이들은 불안한 눈빛으로 선생님과 에디슨을 번갈아 가며 쳐다보았다.

"내일부턴 학교에 오지 마라. 너 같은 문제아는 더 이상 가르칠 수 없다."

선생님은 한 마디로 잘라 말했다. 공부 시간마다 딴청을 부리고, 엉뚱한 질문을 해서 교실 분위기를 흐려 놓는 에디슨을 더 이상 가르칠 수 없다고 판단했던 것이다.

선생님한테 꾸지람을 들으며 울고 서 있는 에디슨을 불쌍하다고 생각하는 친구들은 많지 않았다. 다른 아이들한테도 에디슨은 공부를 못 하고 엉뚱한 질문이나 해서 교실 분위기를 망치는 귀찮은 아이에 불과했다. 선생님한테 야단맞는 에디슨을 보는 것도 이젠 신물이 날 정도였다. 차라리 학교를 그만두는 게 나을지도 모를 일이었다.

에디슨은 울면서 집에 들어섰다. 깜짝 놀란 엄마가 왜 우느냐고 따져 물었다.

그가 우는 까닭을 알게 된 엄마는 다음 날 에디슨을 데리고 학교

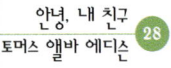

에 찾아갔다. 그리고 자신의 아들이 머리가 돈 게 아니라는 것을 분명히 이야기했다.

이 일이 있은 뒤 에디슨은 더 이상 학교에 다니지 않게 되었다. 초등 학생이 된 지 3개월 만에 학교를 그만둔 것이다. 에디슨은 이후로 학교에 다닌 적이 없다. 3개월 동안 학교에 다닌 것이 학교 생활의 전부였던 것이다.

에디슨의 어머니 낸시의 모습

에디슨은 학교를 그만둔 뒤 엄마를 선생님 삼아 집에서 공부했다. 결혼하기 전에 선생님이었던 낸시는 아주 자상한 선생님이 되어 주었다. 엉뚱한 질문을 한다고 야단치지도 않았고, 공부를 못한다고 미워하지도 않았다.

분석해서 보기
공부와 담을 쌓은 천재들

뉴턴(1643~1727)

사과가 떨어지는 것을 보고 우주의 모든 물체는 서로 잡아당기는 힘이 있다는 '만유 인력의 법칙'을 발견한 사람이다. 그는 물리학자이면서 천문학자이고 수학자이기도 하다. 그런 그가 초등학교 시절, 바보라고 놀림을 받았다면 믿겠는가.

뉴턴은 일곱 달 만에 태어난 칠삭둥이였다. 그런 데다 태어나기 전에 아버지는 죽고, 엄마는 다른 사람에게 시집을 가 외할머니 밑에서 자라야 했다.

뉴턴에게는 친구가 없었다. 그래서 혼자서 톱과 망치로 나무 조각을 썰고 뚝딱거리며 놀아야 했다. 그는 학교 생활이 별로 재미있지 않았다. 성적도 아주 형편없었다. 친구들도 그와 놀아 주지 않고 바보라고 부르며 깔보았다.

그러던 어느 날 그가 만든 물레방아를 반 아이들이 망가뜨린 사건이 발생했다. 잘 만든 것을 두고 친구들은 '바보 뉴턴'이 만들었을 리 없다며 믿어 주지 않았다. 그 일이 있은 뒤부터 뉴턴은 공부를 열심히 했다.

친구들이 자신의 말을 믿어 주지 않은 것은 공부를 못하기 때문이라고 생각했던 것이다.

아인슈타인(1879~1955)

'상대성 이론'으로 노벨 물리학상을 받은 20세기 최고의 과학자이다. 그러나 아인슈타인은 어렸을 때 느림보에다 말을 더듬고, 친구들과 선생님에게 따돌림과 미움을 받는 아이였다. 질문을 해도 꾸물거리기 일쑤여서 곧잘 벌을 섰다. 학교 성적도 형편없었다. 열한 살이 되어 김나지움(우리 나라의 중고등 학교)에 입학한 그는 학교 생활에 잘 적응하지 못했다. 군대처럼 엄격한 교육 방법도 마음에 들지 않았고, 라틴 어와 그리스 어를 배우는 것도 싫었다. 역사 공부도 재미가 없었다. 그는 수학은 아주 좋아했으나 싫어하는 과목은 공부하는 시늉조차 하지 않아 성적은 꼴찌나 다름없었다. 그런 아인슈타인을 선생님들도 좋아할 리가 없었다. 게다가 수학과 물리에 대한 질문을 계속해 선생님들을 당혹스럽게 했다. 어떤 선생님은 너무 엉뚱하고 멍청한 수업 태도가 학교 분위기를 흐려 놓는다며 학교를 그만두는 게 낫겠다고 빈정대기도 했다.

아인슈타인은 결국 의사의 도움으로 건강 진단서를 떼 제출하고 학교를 쉬었다. 도저히 학교 생활에 적응할 수 없었던 것이다. 그를 말리는 선생님도 없었다. 그 뒤 아인슈타인은 다시 학교에 돌아가지 않았다. 그런데 문제가 발생했다. 김나지움을 졸업하지 않으면 대학에 갈

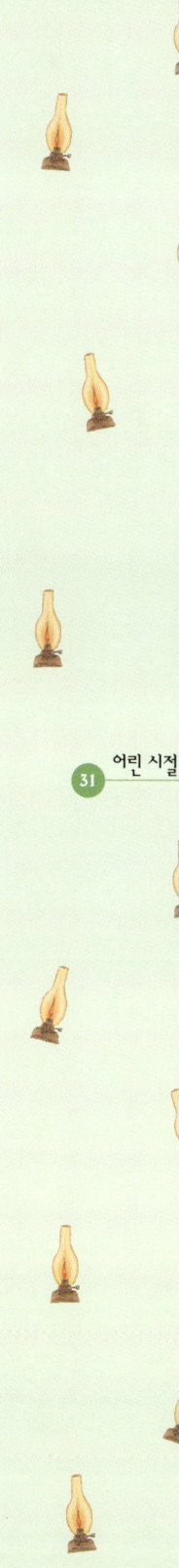

수 없다는 점이었다. 그는 졸업장이 없어도 대학에 갈 수 있는 스위스로 갔다. 하지만 대학 시험에 떨어졌다. 성적이 좋지 않아서였다. 스위스에서 다시 1년 동안 김나지움을 다닌 뒤에야 대학에 들어갈 수 있었다. 수학과 물리의 성적이 좋아 대학에서 배려해 주었기 때문에 입학이 가능했던 것이다.

다윈(1809~1882)

찰스 다윈은 《종의 기원》이라는 책에서 지구상의 모든 생물은 환경에 적응하며 진화해 왔다고 주장한 과학자이다. 다윈도 어렸을 때는 사람들의 관심을 별로 끌지 못했다. 초등 학교를 졸업할 때 성적을 두고 칭찬하는 사람이 한 명도 없을 정도였으니까. 특별히 잘하는 과목도 없었다. 집안에서도 부모들까지 다윈의 장래를 기대하지 않았다.

다윈은 아버지의 뜻에 따라 의과 대학에 들어갔지만, 수술하는 장면을 볼 때면 늘 참지 못하고 뛰쳐나왔다. 사람의 몸에 칼을 대는 모습을 도저히 지켜볼 수 없었던 것이다. 그러니 성적은 늘 꼴찌였고 특별한 재능도 없는 평범한 아이에 불과했다. 결국 의사의 길을 포기하고 목사가 되기 위해 신학을 공부했다.

대학을 졸업한 그는 목사가 되어 교회에 간 것이 아니라 해군 측량선인 비글 호를 타고 세계 여행을 시작했다. 이 여행은 다윈이 생물학자의 길을 걷는 데 결정적인 역할을 하였다.

어린 시절 II
나는야 꼬마 실험가

지하실에 꾸민 실험실 천국

　낸시는 에디슨이 만들기와 실험하기에 관심이 많다는 걸 알고 있었다. 그래서 《자연 과학 학교》라는 책을 건네 주며 읽으라고 했다. 그 책은 집에서도 간단한 실험을 할 수 있도록 설명한 책이었다.
　에디슨은 책에 나온 실험을 열심히 했다. 그 덕분에 에디슨의 방에는 실험할 때 사용하는 약품과 도구가 하나둘씩 늘어갔다.
　그렇지만 에디슨도 싫어하는 공부가 있었다. 바로 수학이었다. 에디슨한테는 계산하는 게 남들처럼 쉽지 않았다. 게다가 엄마가 수학 가르치기를 어려워했다. 그래서 에디슨은 평생 동안 수학을 못했고 싫어하게 되었다.
　실험에 재미를 붙인 에디슨은 궁금한 것이 생기면 그것을 직접

해 보고 싶어했다. 그러한 호기심은 크고 작은 문제를 일으키기도 했다.

한 번은 정전기에 대한 이야기를 책에서 읽고 그 실험을 해보고 싶어졌다. 그래서 고양이 두 마리를 철사로 꼬리를 묶어 놓고 털을 문질러 전기를 일으키는 실험을 했다. 하지만 놀란 고양이들이 손을 할퀴고 달아나는 바람에 상처만 입고 말았다.

에디슨이 실험에 재미를 붙여 가면 갈수록 이런저런 문제가 자꾸 생기기 시작했다. 에디슨은 하늘을 나는 기구를 보고 생각했다.

'기구 속에는 가스가 들어 있다. 사람 뱃속에다가 가스를 집어 넣으면…….'

에디슨은 당장 행동으로 옮겨 보고 싶었다. 그래서 친구인 오츠에게 이야기했다. 오츠는 에디슨이 머리가 가장 좋다고 믿는 아이였다.

"오츠야, 내가 하늘을 날게 해 줄까?"
"어떻게?"
"다 방법이 있지."
"그러니까 어떻게?"
"이 가루를 먹으면 돼."
"에디슨, 이게 하늘을 날게 하는 약이야?"
"그런 셈이야."
"내려올 땐 어떻게 하고?"
"나뭇가지를 붙잡으면 돼. 내가 사다리를 가져다 줄게."

분석해서 보기
어린 에디슨을 감동시킨 책

에디슨은 엄마를 선생님 삼아 집에서 공부했다. 에디슨의 엄마는 아들한테 좋은 책을 많이 읽혔다. 주로 역사책과 과학책이 대부분이었다. 아버지는 에디슨이 책 한 권을 다 읽고 나면 돈을 주며 격려해 주었다. 에디슨은 기번이 쓴 《로마 제국 쇠망사》라는 책을 읽고 감동을 받았다. 이 책은 막강한 힘을 가진 로마가 오랜 세월 향락에 빠져 지내다 고트족과 반달족의 침략을 받고 망한 이야기를 담고 있다.

리처드 그린 파커가 쓴 《자연 과학과 실험 과학 입문》은 어린 에디슨이 흥미를 갖고 읽은 책이다. 1850년대의 지식으로 물리학이나 다른 과학 분야를 소개한 것이다. 그는 책 속에 나와 있는 것들을 직접 실험해 보고 이해가 될 때까지 들여다보고는 했다. 그런데 에디슨이 정말 어려워한 책이 한 권 있었다. 뉴턴이 쓴 《자연 철학의 수학적 원리》라는 것이었다. 이 책은 도저히 이해할 수가 없었다. 수학을 싫어한 아이다웠다. 오늘날 뛰어난 발명가가 되려면 고등 수학을 잘해야 한다. 에디슨도 그 사실을 알고 뒷날 장학생을 뽑을 때 고등 수학에 관한 문제를 냈다고 한다.

에디슨은 어른이 되어 이런 이야기를 한 적이 있다.

"한 달 정도 팔에서 목까지 붕대를 감고 있어 보라. 팔 힘이 약해져 무엇 하나 제대로 들어올릴 수 없을 것이다. 이처럼 머리를 쓰지 않고 내버려 두면 생각하는 힘이 줄어들 것이다."

에디슨은 오츠를 위하는 척하며 그가 가루를 먹어 주길 바랐다.

오츠는 두 눈을 감고 가루를 입안에 털어 넣었다. 이제 하늘 위로 떠오를 일만 남았다. 오츠 곁에 선 에디슨의 눈이 반짝거렸다.

그런데 오츠는 떠오를 생각을 전혀 하지 않았다. 양팔을 벌려 아무리 날갯짓을 해봐도 소용없었다.

한참 뒤, 오츠가 배를 움켜잡고 데굴데굴 구르자 에디슨은 무엇인가 잘못되었다고 생각했다.

"왜? 배 아파? 죽을 것 같아?"

에디슨은 오츠의 팔을 붙잡고 흔들었다. 오츠는 대답도 제대로 못했다. 에디슨은 덜컥 겁이 났다. 오츠가 죽을 것만 같았다.

에디슨의 놀란 목소리를 듣고 엄마가 달려왔다. 엄마는 서둘러 오츠가 먹은 가루를 토하게 했다. 그제야 오츠는 살 것 같은지 옷에 묻은 흙을 털고 일어섰다.

이 일 때문에 에디슨은 엄마에게 회초리로 매를 맞았다. 다시는 사람을 상대로 위험한 실험을 하지 않기로 약속도 했다. 엄마는 실험 따위에만 관심이 많은 에디슨에게 역사책을 읽히기로 마음먹었다. 음식을 골고루 먹어야 균형 있게 자라듯이 여러 분야를 공부해야 제대로 사람 구실을 할 수 있다고 생각한 것이다.

그는 실험을 하든 책을 읽든, 머리를 잠시도 쉬지 않고 썼다. 그 많은 발명품을 만들어 낸 힘이 거기에 있었다고 할 수 있다.

에디슨의 실험실은 지하실에 있었다. 실험실은 온갖 잡동사니로 가득했다. 쓰레기장에서 주워 온 병이나 항아리에 화학 약품을 집

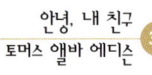

어넣고, 옥수수 가루나 소금, 설탕, 녹말과 같은 것들도 넣어 보관하였다. 위험한 약품이 든 병에는 '독약'이라고 써놓았다. 200개나 되는 '독약' 병마다 해골도 그려 넣었다. 만지면 안 된다는 표시였다.

에디슨은 이 곳에 틀어박혀 온종일 실험하는 날이 많았다. 에디슨이 가장 재미를 느낀 분야는 '전신'이었다. 전신이란 글자나 숫자를 부호로 바꾸어 전파나 전선으로 먼 데까지 보내는 것을 말한다. 점과 선으로 표시되는 이 신호는 전파나 전선을 타고 전달되는 것이다. 이 신호를 '모스 부호'라고 하는데 모스라는 교수가 만들었기 때문에 붙여진 이름이다.

지금이야 전화나 팩시밀리, 컴퓨터를 통해 쉽게 연락할 수 있지만 그 때는 그런 것들이 없었다. 그래서 급하게 연락할 것이 있을 때 간단한 부호로 보내면 상대방이 풀이하여 그 내용을 이해했던 것이다.

에디슨은 전신을 보내는 전신기 모형을 만들었다. 그것을 가지고 모스 부호를 배우는 게 가장 즐거운 일이었다.

그런데 모형을 만들고 실험을 하는 데는 돈이 필요했다. 집안 형편이 넉넉하지 않아서 에디슨은 돈이 별로 없었다. 그렇다고 부모님이 주는 용돈으로 실험 도구와 재료를 살 수도 없었다. 용돈 자체가 턱없이 적었던 것이다.

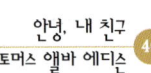

실험을 위해 신문팔이가 되다

에디슨은 자신이 직접 돈을 벌어야겠다는 생각을 하기에 이른다. 그리고 친구인 오츠와 함께 채소밭을 만들어 양배추, 상추, 양파 들을 심었다. 그것을 마차에 싣고 가까운 도시를 돌아다니며 내다팔았다. 뜻밖에도 에디슨과 오츠가 재배한 채소는 잘 팔렸다. 채소가 신선하고 맛이 있었기 때문이었다. 하지만 생각만큼 돈을 많이 벌지는 못했다.

따가운 뙤약볕 아래에서 일하는 것도 쉽지 않았다. 그러나 자신이 필요한 물품을 사기 위해 직접 돈을 벌겠다고 나선 적극적인 그의 마음은 뒷날 위대한 발명을 하는 데 큰 힘이 되어 주었다. 이 때가 그의 나이 열한 살 때였다.

에디슨은 더 나은 돈벌이가 없을까 생각했다. 그 때 마침 그가

사는 포트 휴런 시에 철도가 생겨 열차 안에서 신문을 팔 소년을 구한다는 소식을 들었다. 에디슨은 어머니를 졸라 그 일을 할 수 있었다.

신문팔이 소년이 된 에디슨은 날마다 아침 7시에 포트 휴런을 출발해 3시간 만에 디트로이트에 도착했다. 디트로이트에서 쉬었다가 열차가 다시 포트 휴런으로 돌아오면 밤 9시 30분이 되었다. 에디슨은 디트로이트에 내려서부터 돌아가는 열차를 탈 때까지 자유 시간이었다. 그 시간 동안 과일과 사탕, 신문, 잡지 따위를 샀다. 더 나은 돈벌이를 위해 열차 안에서 과일과 사탕, 잡지 같은 것도 팔았던 것이다.

그래도 남는 시간은 도서관에서 책을 읽으며 지냈다. 에디슨이 책을 읽는 방법은 좀 남달랐다. 책꽂이에 꽂힌 맨 아랫단의 책부터 차근차근 읽기 시작해 윗단의 책까지 모두 읽어 버린 것이다. 마음에 드는 책만 골라 읽은 것이 아니라 도서관에 있는 책 전부를 읽은 것이다.

에디슨은 날마다 신문을 팔고 도서관에서 책을 읽는 데 적어도 14시간 30분을 투자한 것이다.

몇 달 동안 열차에서 물건을 팔아 돈을 모은 에디슨은 포트 휴런에 두 개의 가게를 열었다. 한 곳은 신문과 잡지를 파는 곳이었고, 다른 한 곳은 채소와 과일을 파는 가게였다. 에디슨은 아직 나이가 어렸지만 어떻게 하면 돈을 잘 벌 수 있는지 알고 있었다.

신문을 판 지 1년 정도 되었을 때 에디슨은 시간을 더 아껴 써야

분석해서 보기
에디슨, 신문사 사장이 되다!

기차 안의 신문팔이 소년 에디슨. 디트로이트에 있는 가게를 어슬 렁거리던 그의 눈에 쓸 만한 기계가 들어왔다. 글자판을 갖춘 중고품 인쇄기였다. 그는 어떻게 하면 보다 더 많은 돈을 벌 수 있을지 알고 있었다. 그래서 기계를 기차의 화물칸으로 옮겨 신문을 만들기 시작했 다. 신문 기사를 써본 적도 없고 활자를 배열하는 방법도 몰랐지만 망 설이지 않았다. 요령만 익히면 어려울 것이 없어 보였다.

기차를 탄 사람들과 철도 근처에 사는 사람들이 좋아할 소문이나 뉴스를 쓰면 분명히 잘 팔리는 신문이 될 것 같았다. 거기다가 통신사 에서 받은 최근 소식까지 싣는다면 더 잘 팔릴 것 같았다.

그는 기차 안에서 기사를 쓰고, 활자를 뽑고, 인쇄하는 것까지 혼자 서 해냈다. 신문 이름은 '위클리 헤럴드'라고 붙였다. 일주일에 한 번 발행을 해 한 부에 3센트를 받고 팔았다. 처음 신문을 만들었을 때는 독자가 400명쯤 되었다. 미국에서 남북 전쟁이 한창일 때 그런 소식 까지 실으면서 독자는 늘어갔다. 그의 신문 소식은 런던에까지 소문이 났었다. 재미있고 알찬 내용이 사람들 마음을 사로잡았던 것이다.

그가 신문 발행으로 하루 동안 벌어들인 돈은 1달러쯤 되어 엄마에 게 용돈도 드렸고, 실험 도구도 살 수 있었다. '달리는 기차 안에서 만 든 최초의 신문'이 된 위클리 헤럴드. 지금까지 남아 있는 것은 겨우 한두 부 정도로 엄청난 돈을 주고도 구하기 어려운 물건이 되었다.

겠다고 생각했다. 그래서 책임자의 허가를 얻어 열차 안에 실험실을 마련했다. 시험관과 병, 전지 따위가 갖춰진 어엿한 실험실이었다. 에디슨은 이 곳에서 틈날 때마다 실험을 했다. 돈도 벌고 하던 실험도 욕심껏 할 수 있게 되자 에디슨은 행복했다.

에디슨은 농담도 잘 하고 사람들과도 잘 어울렸다. 혼자서 공상에 빠져 친구들로부터 따돌림당

기차에서 신문팔이를 할 무렵의 어린 에디슨

하던 초등 학교 때의 모습은 어디에도 남아 있지 않았다. 에디슨은 기차역에 근무하는 직원들과도 한 식구처럼 지냈다. 그러는 사이 에디슨은 열차 운행과 관계 있는 일은 뭐든 눈으로 익혀 두었다. 관찰력이 뛰어난 데다 머리가 좋아 혼자서 어깨 너머로 배운 것이다. 한 번도 해보지 않았지만 열차를 운전할 수도 있을 것 같았다.

그러던 어느 날이었다. 기관사와 불을 때는 조수가 꾸벅꾸벅 졸고 있는 것이 아닌가. 에디슨은 용기를 내 증기의 조절 밸브를 맡게 해달라고 했다. 조절 밸브를 움직이는 방법에 따라 속도가 높아지기도 하고 낮아지기도 한다는 것을 알고 있었다. 그리고 기적을 울리는 방법과 종을 치는 방법까지도 눈여겨보아 두었던 것이다.

에디슨을 좋아하는 기관사는 포트 휴런을 향해 달리는 열차의

운전을 그에게 맡겼다. 온몸이 앞으로 쏠렸다가 뒤로 젖혀지는 급정거가 몇 차례 있긴 했다. 그래도 초보 운전치고는 괜찮은 편이었다. 정해진 역에 열차를 댔고 다시 부드럽게 출발을 시켰으니까.

그런데 조절 밸브를 한 눈금씩 끌어올려 속도를 내자 갑자기 연기를 뿜어 내는 굴뚝에서 시커먼 반죽 같은 덩어리가 쏟아졌다. 그것들은 열차의 유리창에 찰싹찰싹 달라붙었다. 도착역에 가까워지자 화산이 폭발할 때 쏟아지는 용암처럼 찐득찐득한 덩어리가 뿜어져 나왔다. 그것만 빼고는 무사히 끝난 운행이었다.

열차가 도착을 하자 잠에서 깨어난 기관사와 조수는 고개를 뒤로 젖힌 채 웃어댔다. 뭐가 잘못되었나 싶어 걱정이 태산 같던 에디슨은 어리둥절했다. 보일러에 너무 많은 물을 부어 물이 넘치다 못해 굴뚝으로 올라갔다는 것이다. 그 물이 굴뚝에 고인 그을음과 엉키면서 덩어리가 되어 뿜어져 나온 것이다. 기계가 망가진 것이 아니라는 말에 에디슨은 안심이 되었다. 이 일은 평소에 꼼꼼하게 관찰하지 못한 자신을 반성하는 좋은 기회가 되어 주었다.

돈도 잘 벌고 실험도 마음껏 할 수 있게 된 에디슨. 행복한 일만 있을 것 같던 그에게도 불행이 닥쳐왔다. 신문 꾸러미를 안고 기차역에 도착했을 때 열차는 서서히 움직이고 있었다. 가까스로 계단에 발을 걸칠 수 있었지만 무거운 신문 때문에 올라설 수가 없었다. 그 때 승무원 한 명이 그의 두 귀를 잡고 열차 안으로 끌어당겼다. 에디슨은 열차에 올라탈 수 있었지만 귀가 먹게 되었다. 귀를 힘껏 당기는 바람에 고막이 터져 버린 것이다. 그의 나이 겨우 열

세 살 때 일이었다. 에디슨은 새 소리조차 들을 수 없는 자신의 처지를 슬퍼했다.

그러나 나이를 먹어 가면서 그는 들을 수 없게 된 것이 오히려 잘된 일이라고 생각하기도 했다. 책을 읽고 실험에 몰두하는 데는 허튼소리들이 들리지 않아 도움이 되었던 것이다.

뒷날 에디슨이 발명가로서 이름을 떨치게 되었을 때 실력 있는 의사 한 명이 좀더 잘 들을 수 있게 귀를 고쳐 주겠다고 했다. 그러나 에디슨은 정중하게 거절을 했다. 때론 불행도 도움이 될 때가 있다. 그것을 겪는 사람이 어떻게 받아들이느냐에 따라서 말이다.

어린 에디슨에게 또 한 차례의 불행한 일이 닥쳐왔다. 고르지 못한 길을 달리던 열차가 흔들리기 시작했다. 그러자 열차 안의 실험실에 놓아두었던 인이 팽개쳐지면서 불이 나버린 것이다. 인은 공기 중에서도 불이 잘 붙는 화학 물질이다.

승무원의 눈에 띄어 큰 불은 나지 않았다. 하지만 그의 실험 도구는 땅바닥에 내팽개쳐졌고 실험실 또한 없애야 했다. 신문 파는 것은 계속 허락을 해 그나마 다행한 일이었다.

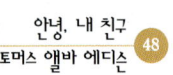

청소년 시절
전신 기사의 길을 걷다

새 직업, 전신 기사

에디슨에게 불행한 일만 생긴 것은 아니었다.

1862년 8월의 어느 날 아침이었다. 에디슨은 그 날도 열차를 타고 있었다. 중간 역에서 새로운 짐이 실린 짐칸을 잇기 위해 열차가 멈춰섰다. 에디슨은 열차에서 내려 짐칸을 끌고 철길을 따라 거꾸로 달려오는 열차를 아무 생각 없이 바라보고 있었다. 그런데 철길에서 놀고 있는 어린아이가 보였다. 아이가 열차에 치일 상황이었다. 순간 에디슨은 보듬고 있던 신문 뭉치를 내던지고 아이를 끌어안았다. 그리고 철길 밖으로 굴러 떨어졌다. 두 사람 모두 돌멩이에 쓸려 얼굴과 손등에서 피가 흘러내렸다. 그래도 목숨을 건질 수 있어 다행이었다.

아이는 역장의 세 살난 아들 지미였다. 역장은 아들의 목숨을 구해 준 에디슨에게 감사의 표시를 하고 싶었다. 그러나 가난했기 때문에 돈을 줄 수는 없었다. 대신에 에디슨에게 전신을 배울 수 있도록 기회를 주었다. 에디슨에겐 무엇보다 큰 선물이었다.

당시 기차역에서 전신이 필요했던 것은 큰 사고를 막기 위해서였다. 기차의 도착 시간을 미리 알아야 철길을 가로질러 지나가는 마차나 사람들을 세워 사고가 나는 것을 막을 수 있었던 것이다. 그리고 기찻길 하나를 두고 마주보며 달리는 열차끼리 충돌을 하지 않도록 미리 연락할 필요도 있었다. 지금처럼 전화가 있었다면 전신이라는 방법을 사용할 필요는 없었다. 그러나 당시로선 전신이 가장 빠르고 안전하게 상황을 알려 주는 방법이었다. 기차역에 전신 기사가 필요한 이유가 거기에 있었다.

에디슨은 벌어 놓은 돈이 좀 있어서 신문 파는 일을 그만두고 전신 기술을 배우는 데 온 힘을 쏟았다. 5개월 동안 전신을 받고 보내는 것을 연습했다. 그리고 부호도 익혀 전신 기사로서 자격을 갖추었다.

전신에 관해 많은 것들을 익힌 에디슨은 작은 전신국을 차렸다. 급하게 전보를 치려는 사람들이 그의 손님이었다. 그러나 전보를 치는 사람들이 많지 않아 돈벌이가 신통치 않았다. 문을 닫을 생각도 해 보았지만 실험과 발명을 하며 그럭저럭 지냈다.

그럴 즈음 온 시내에 에디슨 이름이 알려지는 기회가 왔다. 그가 사는 포트 휴런에는 큰 강이 있었는데 겨울이 되어 이 강이 얼어붙으면 매년 강 밑의 전선이 끊어지곤 했다. 그러면 포트 휴런과 캐

분석해서 보기
에디슨의 직장 경력

채소 장사, 신문팔이, 신문사 사장, 전신 기사(철도국·전신국), 전신국 운영, 폽·에디슨 합작 회사 운영, 공장·연구소 운영, 에디슨 전구 회사 설립, 광산 운영, 시멘트 공장 운영, 발명가.

에디슨이 거쳐간 직업들이다. 이 중에서도 가장 오래 한 일 중 하나는 전신 기사였다. 그는 한 곳에서 오랫동안 전신 기사를 한 것이 아니라 이곳 저곳 여러 군데를 옮겨다녔다. 그가 옮겨다닌 직장이 몇 군데나 되는지 정확히 알 수 없다. 왜냐 하면 그가 하도 많은 곳을 옮겨다녔기 때문이다. 열일곱 살이던 1864년에는 한 해 동안 네 군데를 옮겨다녔다. 3개월에 한 번 꼴로 직장을 바꾼 셈이다.

그렇다면 그가 직장을 자주 옮긴 특별한 이유라도 있을까. 그의 직장 생활은 다른 사람과 좀 달랐다. 우선 자기가 좋아하는 일에 많은 시간을 투자했다. 그의 일이란 책상 앞에 다소곳이 앉아 들어오는 전신문을 열심히 적으면 되었다. 그런데 어떻게 하면 전신문을 더 편안하고, 효과적으로 받을 수 있을까 하는 데 더 많은 시간을 보냈다. 그를 고용한 주인들은 당장 눈앞에 벌어진 일을 열심히 해결하는 사람을 더 좋아했다. 보다 나은 기계를 만들기 위해 생각하고, 만들어 보고, 실험하는 그를 더 좋아할 리 없었다.

그는 또 규칙을 잘 지키지 않거나 재미난 일이 있으면 장난을 쳐 쫓겨나기도 했다. 월급이 적어 직장을 그만둔 경우도 있었다.

나다 사이에 전신을 주고받을 수 없게 되었다.

　강이 얼어붙어 배를 띄울 수도 없으니 전선을 잇는다는 것은 불가능한 일이었다.

　그런데 에디슨이 문제를 해결할 좋은 방법을 생각해 냈다. 낡은 기차 한 대를 빌려 와 기적 소리로 모스 신호를 보내는 방법이었다. 건너편에 나와 있던 사람 중에는 전신 기사도 있어 그 기적 소리가 무슨 내용을 담고 있는지 금방 알아맞췄다. 그리고는 건너편에서도 기차를 빌려 똑같은 방법으로 전신을 보내왔다. 에디슨 덕분에 급한 소식이 사람들에게 전해질 수 있었다.

　이 일이 있고 난 뒤 에디슨은 온타리오의 스트라포드 역에 전신 기사로 취직을 했다. 오후 7시부터 다음 날 아침 7시까지 12시간 일을 하고 월급 25달러를 받았다. 많은 월급은 결코 아니었다. 하지만 밤에는 지나다니는 열차가 적어 편한 데다 낮 동안 그가 좋아하는 실험을 할 수 있어서 행복했다.

　역에서 일하는 전신 기사는 열심히 일하고 있다는 신호로 한 시간마다 토론토의 주임 기사에게 '6점 신호'를 보내야 했다. 에디슨은 한동안 성실하게 이 규칙을 따랐다. 그러나 얼마 지나지 않아 잠자는 시간을 늘리는 좋은 방법이 없을까 궁리하기 시작했다. 그 방법은 의외로 간단했다. 자명종 시계에 톱니바퀴를 연결하여 시간이 되면 정해진 신호를 보내도록 하는 것이었다. 이 장치 덕분에 에디슨은 곤히 잘 수 있었다.

　그러나 에디슨의 잔꾀는 탄로가 나고 말았다. 토론토 사무실에

서 스트라포드 역으로 전신을 보냈는데 대답이 없었다. 에디슨이 잠을 자느라 전신을 받지 못한 것이다. 한 시간마다 보내 온 전신은 속임수였다는 것이 밝혀졌다. 그래서 에디슨은 심한 꾸중을 들어야 했다.

그 뒤 에디슨이 이 철도 회사에서 도망쳐 나오는 사건이 생겼다. 같은 기찻길 위를 달리는 두 대의 열차가 부딪칠 뻔한 일이 벌어진 것이다. 에디슨이 잘못한 일은 아니었다. 그러나 전신 기사로서 역할을 다하지 못한 책임이 그에겐 있었다.

회사의 간부 앞에 불려 간 에디슨은 그가 한눈을 파는 사이 도망을 쳤다. 그로써 철도 회사와도 작별이었다.

발명에만 몰두할 수 있다면……

1864년 열일곱 살이 된 에디슨은 인디애나폴리스에 근무 중이었다. 그 곳에서 하는 일은 밤마다 전선을 타고 전해 오는 신문 기사를 글로 옮기는 것이었다. 신문 기사를 위해 전달되는 내용은 엄청나게 빠른 속도로 들어왔다. 그 속도를 따라잡을 만큼 에디슨의 글씨는 빠르지 않았다.

그래서 그는 내용을 좀더 느리게 전달받을 수 없을까 고민하기 시작했다.

에디슨은 모스 신호 자동 기록기 두 대를 설치했다. 이 기계는 다른 곳에서 들어오는 전신이 자동으로 기록되도록 하는 것이었다. 한 대로 할 수 있는 일을 두 대를 가지고 한 데는 그럴 만한 이유가 있었다.

첫번째 기록기로는 원래 속도대로 전신을 받고, 두 번째 기록기로는 그가 원하는 속도로 받을 수 있게 기계를 새로 만들었던 것이다.

첫번째 기록기에는 1분당 50단어가 들어왔고, 두 번째 기록기에는 1분당 25단어가 들어왔다. 에디슨은 결국 다른 전신 기사들이 1분에 50단어를 쓰기 위해 애를 먹을 때 25단어만 쓰는 여유를 부릴 수 있었다.

따라서 에디슨이 쓴 전문은 정확하고 깨끗했다. 그가 받은 전문이 기자들에게 가장 인기가 좋았음은 물론이다. 같은 전신 기사들까지도 에디슨이 발명한 기계에 대해 알지 못했다. 작업이 끝나면 곧바로 기계를 감추었기 때문이다.

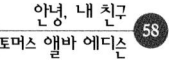

에디슨은 이렇듯 생활 속에서 그냥 지나칠 수 있는 불편한 것들을 찾아 발명을 했다. 발명이 어렵고 먼 데 있는 것이 아니라 일상생활 가까이에서 일어나는 문제점에 관심을 가질 때 비로소 해결책을 찾을 수 있다는 사실을 에디슨이 우리에게 가르쳐 주고 있는 것이다.

그런데 에디슨이 발명한 이 기계는 때에 따라서 큰 문제를 가진 기계가 될 수도 있었다. 아주 급한 일이 벌어져 전신이 들어올 때 그것을 빨리 받아 적을 수 없다는 점이다. 전신 받기를 늦춰 놓았기 때문이다.

전신 기사들이 전신을 받아 다른 곳으로 전달해 주어야 하는데 속도가 늦어지다 보면 신속함이 떨어진다.

전신의 생명은 빠르게, 그리고 정확하게 전달하는 데 목적이 있는데 말이다.

에디슨에게 실제로 이런 일이 벌어졌다.

1864년 11월, 링컨이 미국의 대통령에 당선되었다는 전문이 사무실로 계속 들어왔다. 그런데 그 속도가 얼마나 빠른지 제대로 받아 적을 수가 없었다. 에디슨은 절반 속도로 늦추어 놓은 기록기로 전문을 받았다. 전문을 다 푸는 데는 1시간 30분에서 2시간 정도 더 걸렸다.

신문사에서는 전문을 빨리 보내 주지 않는다고 항의를 했다. 미국의 대통령이 당선되었다는 큰 뉴스를 전문이 늦어져 보도하지 못한다면 말이 되는 소리인가.

에디슨이 만든 기계는 결국 윗사람들 눈에 띄어 더 이상 사용하지 못하게 되었다.

그렇다고 주저앉을 에디슨이 아니었다. 그는 이 일을 계기로 '자동 재생 전신 장치'를 발명하게 되었으니까.

에디슨에게는 묘한 힘이 있었다. 나쁜 일도 그에게 가면 좋은 일이 되고, 불행도 행복으로 바뀌곤 했다. 그것은 에디슨이 불행을 불행으로 받아들이지 않고 아주 적극적으로 살아가고 있다는 표시였다.

멤피스라는 지역에서 전신 기사로 있을 때 에디슨은 일을 너무 잘해 직장에서 쫓겨났다. 당시의 전신은 여러 곳을 거쳐 마지막 지역까지 전달이 되었다. 그래서 시간이 오래 걸리고 틀리는 경우도 많았다.

에디슨은 인디애나폴리스에서 사용한 자동 기록기를 더 편리하게 바꾸어, 전신을 보낸 첫 지역에서 마지막 지역으로 곧바로 전달되도록 했다.

이 기계 덕분에 뉴올리언스에서 보낸 전신이 곧장 뉴욕으로 전해질 수 있었다.

에디슨은 칭찬 받기에 충분한 이 일 때문에 직장에서 쫓겨나게 될 거라고는 전혀 생각지도 못했다. 그의 상관 친척 중에 한 명이 에디슨이 만든 이 전신 기록 장치를 똑같이 만들고 있었던 것이다.

그런데 에디슨이 자기의 친척보다 먼저 이 장치를 만들어 버리자 상관은 생떼를 써 그를 쫓아낸 것이다. 전신 기사의 일이나 잘

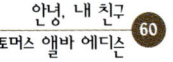

에디슨이 남긴 말들 1

1. 생각하고 또 생각하는 것은 커다란 즐거움이다.
2. 나는 책꽂이의 맨 아랫단의 책부터 읽기 시작해서 한 권, 한 권 차례로 윗단의 책까지 읽어 나갔다. 나는 도서관에 있는 몇 권의 책을 읽은 것이 아니라 도서관 전체를 읽어 버린 것이다.
3. 나의 즐거움은 첫째도 발명, 둘째도 발명이다.
4. 번데기가 허물을 벗고 나비가 되는 것을 아이들에게 보여 주면 어떨까? 직접 보고 얻는 지식은 소중하다.
5. 귀가 잘 들리지 않은 것은 유리했다. 전신기가 딱딱거리는 소리는 똑똑히 들렸지만 다른 소리는 들리지 않았다. 그래서 나는 유능한 통신사가 되었다.

할 것이지 괜한 장치를 만드는 데 시간을 낭비했다고 하면서 말이다.

에디슨은 루이빌에서 전신 기사로 다시 취직을 했다. 이 곳에서 깨끗하고 정확한 글씨체를 만들어 냈다. 전신 기사들이 받아 적은 글씨는 흘려 쓴 경우가 많아 그것을 받아본 신문사 기자들은 애를 먹었다.

에디슨은 이 문제를 해결하기 위해 단정한 글씨체를 만들어 낸 것이다. 게다가 그는 1분에 55단어까지 받아 쓸 수 있어서 신문 기자들이 그의 전신문만 골라 읽었다.

신문 기자들이 에디슨을 좋아하는 데는 또 다른 이유가 있었다. 전신을 보내기 위해 깔아 놓은 전선이 강을 지날 때면 전류가 새는 경우가 많았다. 그래서 전신문의 20퍼센트 정도를 읽을 수가 없었다.

이 사실을 잘 알고 있는 에디슨은 모든 신문을 미리 꼼꼼하게 읽었다. 제대로 전달받지 못한 부분은 알고 있는 내용을 덧붙여 전신문에 기록하기 위해서였다. 이렇듯 열심히 일을 하는 에디슨을 누가 싫어하겠는가.

에디슨은 스무 살이 되기 전까지 직장 몇 군데를 더 옮겨다녔다. 실험을 하다가 상사의 책상에 젖산을 흘려 쫓겨나기도 했다. 그러는 중에도 실험을 꾸준히 해 몇 가지 것들을 발명할 준비를 해 나갔다.

에디슨은 앞으로 남은 인생을 발명가로 살고 싶어했다. 돈벌이에 신경쓰지 않고 발명에만 모든 힘을 쏟고 싶었다. 그러나 그는 여전히 빈털터리였다.

실험 도구와 약품을 사고, 필요한 책을 사는 데 대부분의 월급을 써 버렸기 때문이다.

청년 시절
발명가 에디슨

발명가가 되기로 결심하다

에디슨은 발명을 하려면 많은 돈이 필요하다는 걸 잘 알고 있었다. 자신은 아직 마음 놓고 발명만 할 수 있는 처지가 아니란 것도 잘 알고 있었다.

에디슨은 보스턴에 사는 친구 애덤스에게 편지를 썼다. 보스턴에 살고 싶으니 취직할 자리를 알아봐 달라는 내용이었다. 애덤스는 보스턴 전신국장에게 에디슨의 편지를 보여 주며 취직을 시켜 달라고 부탁했다. 국장은 에디슨이 여러 곳에서 전신 기사로 일을 했다는 것보다 그의 정성스런 글씨가 마음에 들어 취직을 허락했다. 전신을 받아 멋지게 옮겨 쓸 수 있을 것이라고 생각한 것이다.

애덤스의 연락을 받고 보스턴으로 향하던 에디슨은 그만 눈사태를 만나 열차에 묶이는 신세가 되었다. 다른 사람들은 두꺼운 겨울

옷을 입고 있었지만 에디슨은 삼으로 짠 얇은 여름 옷을 입고 있었다. 영하 16도로 내려가는 강추위 속에서 에디슨은 벌벌 떨어야 했다.

더 이상 추위를 견딜 수 없던 승객들은 눈을 치워 열차를 운행할 수 있게 했다. 삼 일 동안 꼼짝없이 열차에 갇혀 지낸 뒤였다.

초라한 에디슨의 눈에 보스턴은 화려하고 여유 있어 보였다. 그러나 에디슨은 그런 모습에 전혀 신경을 쓰지 않았다. 뛰어난 전신 기사는 아니었지만 그에겐 미래에 대한 꿈이 있었기에 기가 죽는 법은 없었다.

에디슨이 보스턴 전신국에서 일을 시작하자 그를 골탕 먹이려는 사람들이 있었다. 그 날도 에디슨은 전신문을 받기 위해 자리에 앉았다. 뉴욕의 전신 기사가 전신문을 보내 왔다. 그런데 보내 오는 속도가 점점 빨라지는 것이었다. 받아 적는 에디슨의 속도도 빨라졌다. 그것을 눈치 챈 상대방은 더 빨리 전신문을 보내 왔다. 에디슨은 한 글자도 빠뜨리지 않고 적어 나갔다.

에디슨이 잠깐 고개를 들었을 때 모든 전신 기사들이 곁에서 그가 하는 모습을 지켜보고 있었다. 아주 빠르고 능숙한 솜씨에 모두들 놀라고 있었다. 에디슨은 그 때서야 사람들이 꾸민 일임을 짐작했다.

사람들은 에디슨을 시험해 보고 싶었던 것이다. 그래서 뉴욕에서 가장 빠르게 전신문을 보내는 기사를 선택해 에디슨의 상대로 정했다. 에디슨은 침착하게 대응을 했다.

분석해서 보기
에디슨과 닮은 꼴의 발명가, 마이클 패러데이

마이클 패러데이(1791~1867)

영국에서 태어난 물리학자이다. 화학자이기도 하며 발명가이기도 하다. 그는 집안이 너무나 가난해 학교에 다니지 못했다. 그래서 혼자서 공부해야 했다. 혼자서 책을 구해 읽고, 혼자서 연구하고, 혼자서 실험도 했다. 집안이 가난한 것은 아니었지만 학교에 다니지 못한 점에서는 에디슨과 비슷하다. 자신의 처지와 비슷해 에디슨은 마이클 패러데이에게 마음이 끌렸다.

그리고 전기에 관심이 많았던 점에서도 서로 비슷하다. 마이클 패러데이는 에디슨이 그러했듯이 전력을 보낼 수 있는 발전기를 발명했다. 발명 뒤에는 전기와 자기(자석과 전류 사이에 작용하는 힘의 근본)의 관계에 대해서 실험을 했다. 그 결과 전류를 일부러 발생시키는 방법을 찾아냈다. 이전에는 화학 반응을 통해서만 전류를 얻을 수 있었다.

그의 실험은 거기서 끝나지 않았다. 거기서 얻은 전류를 모터에 이용하는 방법을 찾았던 것이다. 한 번 실험하여 얻은 결과를 실제 생활에 필요한 것으로 이용하는 대목 역시 에디슨과 비슷하다.

그가 에디슨과 비슷한 또 한 가지는 수학을 잘 못했다는 점이다. 발명가가 수학을 잘 못한다는 것은 있을 수 없는 일이었다. 따라서 다른 사람의 힘을 빌려 이 문제를 해결해야만 했다. 에디슨은 앱톤이라는 젊은 수학자의 도움으로 '전기의 분할'과 같이 어려운 문제를 수학적으로 풀 수 있었다.

그리고 마이클 패러데이에게는 제임스 맥스웰이라는 수학자가 있어 그 문제를 해결해 주었다. 마이클 패러데이의 실험들을 자세히 분석하고 여기에 뉴턴의 미분 계산을 적용하여 그가 이야기한 것들을 수학 공식으로 발전시켰다. 에디슨과 마이클 패러데이, 두 사람 모두 수학은 잘 못했지만 그것을 뒷받침해 줄 사람들이 있어서 발명과 발견을 많이 할 수 있었다.

그랬더니 이번에는 띄어쓰기를 엉망으로 하고, 기호를 마구 연결해서 전신문을 보내 왔다. 에디슨이 헛갈려 잘못 적기를 바라면서 말이다. 하지만 어림없는 일이었다. 에디슨은 전신문의 형식을 너무도 잘 알고 있었던 것이다.

이번에는 에디슨이 뉴욕의 전신 기사에게 전신문을 보냈다.

'피곤하지 않아요? 손은 쉬고 이제 발로 보내시죠.'

에디슨이 이겼다. 조용히 에디슨을 지켜보던 사무실 사람들이 소리를 질러댔다. 참았던 흥분을 터뜨린 환호성이었다. 이 일이 있은 뒤부터 에디슨을 골탕 먹이는 사람은 없었다. 대신에 그는 보스턴 전신국의 영웅이 되었다.

재미있는 발명 이야기

역사 속에서 쓸모 없는 발명품이 되어 버린 것은 어떤 게 있을까?

에디슨이 축음기를 만들기 몇 개월 전인 1877년 프랑스 사람 C. 크로가 평평한 판에 음성을 녹음하고 이것에서 음성을 다시 살리는 장치를 만들었다. 그리고 팔레오폰이라는 이름을 붙였다.

그는 이것을 프랑스 과학 아카데미에 내놓았다. 그러나 전혀 쓸모 없는 기계라며 거들떠보는 사람이 없었다. 결국 필요없는 발명품이 되고 말았다. 하지만 몇 개월 뒤 에디슨도 축음기를 발명했다. 에디슨에게는 위대한 발명을 했다는 박수갈채가 쏟아졌다. 같은 종류의 기계를 발명하고도 평가는 이렇게 엇갈렸다. 크로만 불쌍한 사람이 되고 만 것이다.

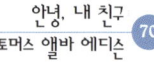

에디슨은 애덤스와 한 방에서 살았다. 책방에도 같이 다녔고 극장에도 함께 갔다. 둘은 마치 형제 같았다.

에디슨이 애덤스와 책방에 들렀을 때이다. 마이클 패러데이의 책들이 눈에 들어왔다. 그는 영국 사람으로 화학자이면서 물리학자였다. 에디슨은 평소에 그의 독창적인 전기 연구에 관심이 많았다. 에디슨이 전기에 관심을 가지게 된 데는 그의 영향이 컸다.

에디슨은 머뭇거림없이 그의 모든 책을 샀다. 그리고 집에 돌아와서 열심히 읽기 시작했다. 밥 먹고 자는 것도 잊은 채. 그것을 보다 못한 애덤스가 식당으로 끌고 갔다.

식탁에 앉은 에디슨은 밥 먹을 생각도 않고 마이클 패러데이의 책 이야기를 늘어놓았다. 그의 책에 깊은 감명을 받았던 것이다.

"애덤스, 할 일은 많은데 인생은 너무 짧은 것 같아."

일이나 발명을 위한 실험 따위에 하루 24시간을 꼬박 보내곤 하던 그였다. 하지만 더 열심히 살지 않으면 길지 않은 인생이 끝날 것만 같았다.

1869년, 스물두 살이 된 에디슨은 다니던 보스턴 전신국을 그만두었다. 발명가 에디슨으로 살기로 결심한 것이다. 에디슨은 친구에게 돈을 빌려 뉴욕으로 가는 배를 탔다. 그 곳에서 발명가로 성공하고 싶었다.

그러나 그는 발명가로 산다는 것이 얼마나 어렵고 힘든 일인지 알고 있었다. 밥을 먹고 살기도 힘든 발명가가 수두룩했고, 정신 이상자가 되어 버린 발명가도 많이 보았다. 게다가 발명한 것을 상

품으로 만드는 데에는 많은 돈이 필요했다. 에디슨은 어떤 조건도 갖춰져 있지 않았다. 젊다는 것과 발명에 대한 열정이 그가 가진 재산의 전부였다.

에디슨이 발명가로서 처음으로 만든 것은 '전기 투표 기록기'였다. 이 기계는 의회에서 투표를 할 때 한 사람씩 나가 투표함에 쪽지를 집어넣는 불편함을 없앴다. 책상 앞에 붙어 있는 찬성이나 반대의 단추를 누르면 되었다.

에디슨은 이 기계를 가지고 매사추세츠 주 의회와 국회를 찾아갔다. 잘 팔리면 500달러는 벌 수 있을 것 같았다. 그러나 기계를 본 한 의원은 쓸모 없는 기계라고 말하는 것이 아닌가. 투표를 하고서 곧바로 결과가 나오면 표가 많이 나온 쪽 마음대로 하게 된다는 것이다. 그렇게 되면 표가 적게 나온 쪽 의견은 항상 무시당한다는 것이었다.

그 의원의 말이 옳았다. 편안한 것이 꼭 좋은 건 아니었다. 에디슨은 이 기계가 실패한 발명품이 되어 버리자 벼랑에서 떨어진 것과 같은 절망감에 빠졌다. 하지만 절망 속에서 허우적거리고 있을 에디슨이 아니었다. 이 일은 더 쓸모 있는 발명품을 만들겠다는 다짐을 하게 했으니까.

4만 달러짜리 발명품

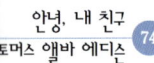

　1865년부터 시작된 미국의 남북 전쟁은 4년 만에 끝이 났다. 노예 해방을 시켜야 한다는 쪽과 그래선 안 된다는 쪽의 갈등으로 시작된 남북 전쟁. 이 전쟁은 돈을 휴지 조각으로 만들었다. 전쟁 중에는 물건이 돈보다 가치가 높다. 늘 불안하기 때문에 바로 사용할 수 있는 물건의 가치가 높은 것이다. 그래서 돈을 많이 갖고 있던 사람들은 전쟁이 시작되면 그것을 금 덩어리 같은 것으로 바꾸어 놓는다.

　전쟁이 끝나자 사람들은 금을 사고 파느라 정신이 없었다. 하루에도 몇 차례씩 금값이 오르락내리락했다. 따라서 그때 그때 바뀌는 금값을 재빨리 알려 준다면 좋은 돈벌이가 아닐 수 없었다.

　에디슨은 보스턴에서 48명의 손님을 상대로 금값을 알려 주는 전신 서비스 회사를 차렸다. 사람이 일일이 글씨를 써서 금값을 알려 주는 게 아니라 글자판을 두드려 입력을 하면 커다란 판에 글씨가 써지는 형식이었다. 이 사업은 괜찮은 생각이었으나 실패하고 말았다.

에디슨은 뉴욕으로 건너가 금값 시세 전신 표시기의 발명가인 로즈 박사를 찾아갔다. 그가 이끄는 회사는 에디슨이 운영하는 회사와는 비교도 안 될 만큼 크고 번창했다. 로즈 회사의 장치는 다이얼을 돌리면 그 결과가 전신으로 보내져 금값이 나타났다. 사무실에서 이 기계를 작동하면 곧바로 300명의 손님에게 금값이 보내졌다.

에디슨은 이 회사에 들어가기로 마음을 먹고 시험 날짜를 기다렸다. 그는 시험 때까지 로즈 회사에 머물렀다. 낮에는 쉬지 않고 전신을 보내는 기계를 살폈다. 그리고 밤에는 지하에 있는 기계실에서 잠을 자며 또 기계를 들여다보았다.

그가 이 곳에 머문 지 사흘째 되던 날 기계가 펑 소리를 내더니 고장이 나 버렸다. 금값 시세를 알리는 장치가 작동하지 않게 된 것이다.

기계를 고쳐 달라는 손님들의 항의가 빗발쳤다. 금값은 시시때때로 변하기 때문에 기계를 제때 고치지 않는다면 큰 손해를 볼 수도 있었다. 그 사이 망하는 사람이 나올 수도 있었다. 이 일로 인해 로즈 회사가 문을 닫을 수도 있는 상황이었다.

기계를 고치는 책임자는 어디가 어떻게 고장났는지 알지 못했다. 로즈 박사도 얼굴이 파랗게 질려서 빨리 고치라고 소리를 질러 댔다.

쩔쩔매는 책임자 옆에 서 있던 에디슨은 무엇이 잘못되었는지 짐작이 갔다. 끊어진 용수철 하나가 톱니바퀴 사이에 끼어 기계를 멈추게 한 것이었다. 아주 간단한 고장이었지만 평소에 자세히 살펴보지 않았다면 모를 일이었다.

에디슨이 나서서 손을 보자 기계가 정상적으로 돌아갔다. 로즈 박사는 에디슨에게 금값 시세 전신 표시기에 대해 얼마나 아느냐고 물었다. 에디슨은 로즈 박사의 기계에 대해 아는 대로 자세히 설명을 했다. 로즈 박사는 에디슨의 정확한 설명에 깜짝 놀랐다. 그래서 기계 부분의 책임자로 일해 줄 것을 부탁했다. 그것도 월급 300달러를 주겠다는 조건이었다. 당시로선 꽤 많은 월급이었다. 석 달만 일해 돈을 모으면 부자가 될 정도로 많은 액수였다.

에디슨은 하루에 20시간을 일하더라도 그 일을 해야겠다고 마음 먹었다. 에디슨은 그 곳에서 여러 장치를 보다 편리하게 바꾸고 주식 시세 표시기에 대한 연구도 열심히 했다.

이 곳은 수많은 직장을 옮겨 다닌 에디슨이 처음으로 그럴듯한 대접을 받은 곳이다. 하지만 이렇게 찾아온 행운은 우연이 아니었다. 그 동안 끊임없이 연구하고 실험하고 발명하며 쌓아 온 실력이 보기 좋게 드러났을 뿐이다. 만약에 에디슨이 고장난 기계를 유심히 살피지 않았다면 그 기계를 고치지 못했을 것이다. 행운은 준비된 사람에게 찾아오는 법이다.

몇 달이 지나 에디슨은 회사를 차렸다. 포플러라는 이름의 전신 기사와 함께 차린 '폽·에디슨 합작 회사'였다. 돈을 대주는 사람은 따로 있었다.

이 회사는 집이나 사무실에서 쓰는 전선을 설치해 주고, 고장난 것들은 고쳐 주는 일을 했다. 그리고 불이 나거나 도둑이 들었을 때 알려 주는 장치를 설치하는 일도 했다. 그 밖에 실험 도구나 전기 기구 같은 물건들을 대신 사 주는 일도 했다.

두 사람은 그들 회사가 잘 운영되리라 예상했다. 그러나 생각했던 만큼 사업이 잘 되지 않았다. 회사 문을 닫아야 할 형편이었다. 에디슨은 최근에 로즈 박사의 회사를 사들인 '금값 주식 시세 전신

에디슨이 발명한 만능 시세 표시기

회사'를 찾아가 그들의 회사를 싼값에 팔았다. 이 회사의 사장은 레퍼드로 그는 에디슨이 재능 많은 사람이란 걸 알고 있었다. 그가 에디슨의 회사를 사들인 것도 그를 자신의 곁에 두고 싶어서였다.

레퍼드는 에디슨이 연구에만 신경쓰도록 했다. 에디슨은 이 곳에서 고장을 자주 일으키는 주식 표시기를 더 간단하고 정확한 것으로 만들었다. 그것 말고도 몇 가지 발명을 더 했다.

에디슨은 이 회사에서 괜찮은 대접을 받게 되자 부모님 생각이 났다. 어머니 건강이 나쁘다는 이야기를 들었기 때문에 걱정이 되었던 것이다. 그래서 부모님께 편지를 썼다. 돈은 자신이 댈 테니 필요한 것이 있으면 이야기하라는 내용이었다. 그런데 이 편지를 쓸 때만 해도 에디슨은 큰 부자가 아니었다. 많은 월급을 받는 직원이었을 뿐이다.

레퍼드는 에디슨이 새롭게 바꾼 주식 표시기를 완전히 자기 것으로 만들고 싶었다. 자기 앞으로 특허를 내면 더 많은 돈을 벌 수 있기 때문이었다. 에디슨의 주식 표시기는 지금도 그 원리가 이용될 만큼 아주 뛰어난 발명품이었다.

레퍼드는 에디슨을 불렀다.

"에디슨, 자네가 발명한 주식 표시기 말인데 얼마를 주면 팔겠나?"

에디슨은 속으로 생각했다. 투자한 시간과 노력을 생각하면 5천 달러의 가치는 있다고 말이다. 하지만 3천 달러만 줘도 기꺼이 팔 생각이었다.

에디슨이 머뭇거리며 대답을 못 하자 레퍼드가 가격을 제시했다.

"4만 달러면 괜찮겠나?"

뜻밖에 에디슨이 생각한 것보다 훨씬 더 되는 액수였다. 에디슨은 머리 속이 텅 비어 버린 느낌이었다. 살아 생전에 그만한 돈을 만져 볼 수 있다고는 생각지도 못했던 것이다.

사흘 뒤 에디슨은 레퍼드 사장을 만나 계약서를 썼다. 그리고 4만 달러라고 적힌 수표 한 장을 건네 받았다. 난생 처음 보는 수표였다.

에디슨은 수표를 들고 은행으로 달려갔다. 은행원에게 수표를 내밀자 그는 무어라고 말을 하면서 에디슨에게 수표를 다시 건넸다. 귀가 잘 들리지 않는 에디슨은 무슨 말인지 알아듣지를 못했다. 아마도 은행원이 가짜 수표라고 얘기한 것 같았다. 레퍼드 사장에게 속았다는 생각이 들었다.

회사로 돌아온 에디슨은 은행에서 있었던 이야기를 레퍼드 사장에게 들려 주었다. 그러자 레퍼드 사장은 껄껄 웃으며 은행원이 수표 뒤쪽에 이름과 주소를 적으라 했을 거라고 말했다. 쑥스러워진 에디슨은 레퍼드 사장을 따라 웃고 말았다.

다음 날 에디슨은 다시 은행에 갔다. 그런데 은행원이 이번에는 그를 골탕 먹이려고 4만 달러나 되는 돈을 몽땅 지폐로 건네 주었다. 에디슨은 하는 수 없이 외투나 바지의 호주머니에 그 많은 돈을 쑤셔 넣고 집에 돌아왔다. 그리고는 그 날 밤 혹시라도 도둑 맞

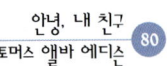

을까 봐 한숨도 잘 수 없었다. 은행에 돈을 예금한다는 사실을 그는 알지 못했던 것이다.

> ### 재미있는 발명 이야기
>
> #### 아마추어 발명가가 자주 실패하는 이유는 뭘까?
>
> 누구나 발명가가 될 수 있다. 그러나 아무나 발명가가 되는 것은 아니다. 그렇다면 발명가가 되기 위해서는 어떤 노력을 해야 할까? 좋은 발명가가 되려면 갖추어야 할 조건이 여러 가지 있다. 하지만 다음 이 세 가지만 주의한다면 뛰어난 발명가가 될 수 있을 것이다.
> 첫째는 자신의 능력 이상의 것은 손을 대지 않는 게 좋다. 발명은 자신의 능력만큼 이루어진다. 그런데 자신이 이겨 낼 수도 없는 수준의 것을 발명하려고 하면 실패할 수밖에 없다. 발명을 하기에 앞서 자신의 능력이 얼마 만큼인지 살펴볼 필요가 있다.
> 둘째는 자신의 힘으로 실천하기에 불가능한 것은 선택하지 않는 게 좋다. 처음부터 돈이 많이 들어가는 실험을 한다거나 실험 자체도 불가능한 것을 선택하면 그 발명 역시 실패할 수밖에 없다.
> 셋째는 발명에 성공했다고 하여 바로 상품화해서는 안 된다. 최소한 3개월 이상 사용해 보고 문제가 없는지 알아본 뒤에 특허를 내도 늦지 않는다. 그래야 사용하기에 불편하지는 않는지, 어느 부분을 어떻게 바꾸어야 더 좋을지 판단할 수 있는 것이다.
> 아마추어 발명가는 자신이 발명하려는 것이 생활에 절실하게 필요한 것인지 알아보는 게 중요하다. 그리고 그것에 대해 충분한 정보를 갖고 있어야 한다. 다른 사람의 의견도 들어 보고, 자료도 찾아보고 해서 그 발명이 쓸 만한 것이 될지 미리 판단할 필요가 있다.

멘로파크의 마술사, 에디슨

바쁜 나날들, 그리고..

1870년 스물세 살이 된 에디슨은 뉴저지 주의 뉴어크에 공장을 세웠다. 4만 달러라는 엄청난 돈을 갖게 된 에디슨은 발명에만 온 힘을 쏟을 수 있게 된 것이다. 에디슨은 이 곳에서 6년 간 살았다. 이 기간은 그의 인생에서 가장 행복하고 보람 있는 시간이었다.

에디슨은 직원 50명을 모아 주식 표시기 만드는 일을 시작했다. 수백 대의 기계를 만들어야 했기 때문에 하루에 12시간씩 교대로 일을 했다. 에디슨 자신은 하루에 4시간만 자면서 20시간을 일한 적도 있었다.

에디슨은 직원을 고를 때 까다로웠다. 그리고 그는 직원의 실력을 금방 알아보는 능력을 갖고 있었다.

하루는 스무 살 먹은 오토라는 청년이 찾아왔다. 그는 "제가 할 일은 무엇입니까?" 하고 물었다. 그러자 에디슨이 "내가 원하는 기계라면 뭐든지 만들 수 있겠소?"
하고 되물었다. 그러자 오토는

"사장님이 원하시는 대로 할 수 없으면 월급은 받지 않겠습니다."
하고 당당하게 말했다. 에디슨은 그의 자신만만함이 보기 좋았다. 그래서 그를 공장의 책임자로 임명했다.

그는 에디슨을 실망시키지 않았다. 에디슨이 원하는 기계는 어떤 것이든 척척 만들어 냈다. 그는 오랜 시간 동안 에디슨의 오른팔로서 역할을 충실히 했다.

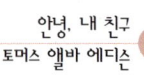

오토 역시 에디슨이 마음에 들었다. 직원들을 즐겁게 해 줄 수 있고 연구에만 몰두하는 그를 좋아했다. 그리고 좋은 생각을 갖고 끈기 있게 일하는 직원들에게는 충분한 대접을 해 주는 그를 존경했다.

에디슨이 능력을 인정해 주는 사장이라는 소문이 나면서 실력 있는 외국 기술자들도 그의 공장을 찾아왔다. 그 중에서도 독일 사람 벨그만과 슈카드는 솜씨 좋은 기계공이었다. 이들은 뒷날 전기 기구를 만드는 기술자로서 억만 장자가 된 사람들이다. 그리고 영국 청년 찰스 바첼러는 이 공장에 기계를 설치하려고 들렀다가 에디슨이 천재라는 것을 알아보고 그와 함께 일하기로 결심한 사람이다. 이들은 모두 에디슨이 믿는 일급 기술자들이었다.

이 공장에서 일하는 사람들은 대부분 에디슨보다 나이가 많았다. 하지만 사람들은 에디슨을 '올드맨'이라고 부르며 그를 따랐다. 올드맨이란 우두머리라는 뜻이다.

마흔 가지나 되는 발명을 한꺼번에 한 적이 있는 에디슨은 직원들을 엄청나게 부려먹기도 했다. 한 번은 새로 만든 시세 표시기가 잘못되어 기계를 고친 적이 있었다. 에디슨은 모든 직원들을 쉬지 않고 60시간이나 계속 일하게 했다. 직원들은 사흘 간이나 퇴근도 못 하고 일에 매달렸던 것이다.

깡마른 체격에 헝클어진 머리, 그리고 날카로운 눈매. 뉴어크에서 공장을 운영하던 때의 에디슨의 모습이다. 여러 가지 발명을 한꺼번에 하면서도 에디슨의 공장 운영은 철저했다.

문제가 있다면 돈 관리에 있었다. 그는 돈을 관리하는 직원을 따로 두지 않았다. 그래서 그것은 그의 몫이었다. 그는 직원들의 월급 이외에는 따로 기록을 하지 않았다. 책상에 못을 두 개 박아 한쪽에는 받을 돈의 쪽지를 꿰고, 나머지 한쪽에는 외상 갚을 돈의 쪽지를 꿰었다. 정확하게 기록을 하며 돈을 관리한 것이 아니었기 때문에 돈이 얼마나 남았는지, 이익을 얼마나 얻었는지 따위를 알 수가 없었다. 그러다 보니 특허권을 팔고 받은 4만 달러는 금세 바닥이 나고 말았다. 에디슨은 직원들의 월급을 줄 수가 없어 여기저기 돈을 꾸러 다닌 적도 있었다. 결국 에디슨은 직원 한 명을 따로 두어 돈 관리를 맡겼다.

1871년, 에디슨이 스물네 살이 되던 해는 불행과 행복이 겹친 해였다. 공장을 꾸려 간다는 것은 에디슨에게 쉬운 일이 아니었다.

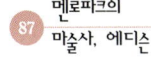

늘 돈이 부족했던 것이다. 하지만 포트 휴런에 살고 있는 부모님을 모른 척할 수는 없었다. 특히 건강이 좋지 않은 어머니 때문에 늘 걱정이었다. 바쁜 중에도 짬짬이 안부 편지를 띄운 이유가 거기에 있었다. 돈이 없어 늘 애를 먹는 처지였지만 부모님이 원한다면 빚을 내서라도 보내드릴 준비가 되어 있었다.

에디슨이 부모님을 뵈러 가겠다는 편지를 보낸 지 두 달이 지난 4월 9일이었다. 어머니가 돌아가셨다는 연락이 온 것이다.

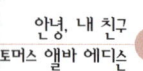

에디슨에게 어머니는 선생님이나 다름없었다. 학교 생활을 제대로 못한 그에게 여러 가지 실험을 같이 하고 역사 이야기를 들려준 사람이 어머니였다. 아들의 능력을 믿어 주고 공부를 가르쳐 준 어머니가 안 계셨다면 발명왕 에디슨은 없었을지도 모른다. 에디슨은 누구보다 그것을 잘 알고 있었다. 그래서 어머니를 잃은 그의 슬픔은 컸다. 그나마 다행인 것은 발명가로서 제 길을 가는 아들의 모습을 보고 죽었다는 점이다. 에디슨은 그것으로 위안을 삼을 수밖에 없었다. 에디슨은 포트 휴런에 혼자 남게 된 아버지를 그의 집으로 모셔왔다.

그 해 에디슨은 마리라는 아가씨를 알게 되었다. 공장 입구에서 비를 피하고 있는 그녀를 보고 첫눈에 반해 버린 것이다. 마리는 뉴어크에 있는 교회의 주일 학교 선생님이었다. 에디슨은 그녀를 보기 위해 일요일이면 마차를 타고 교회에 가고는 했다.

서로 사랑하게 된 두 사람은 결혼을 하고 싶었다. 그러나 마리 아버지가 딸이 아직 어리다는 이유로 반대를 했다. 에디슨은 궁리

끝에 회사에 그녀가 일할 수 있는 자리를 만들었다. 날마다 그녀를 볼 수 있게 된 에디슨은 행복했다.

에디슨은 그 해 크리스마스 날 마리를 아내로 맞아들였다. 그러나 에디슨은 하마터면 결혼식장에도 참석하지 못할 뻔했다. 공장 일이 너무 바빴기 때문이다.

몇 년 사이 두 사람 사이에는 세 명의 아이들이 태어났다. 딸 매리언, 큰아들 토머스 2세, 작은아들 윌리엄이 그들이다. 남편으로서, 그리고 아이들의 아버지로서 에디슨은 행복했다.

뉴어크에 공장을 세운 지 5, 6년이 되자 공장은 다섯 개로 늘어났다. 에디슨은 전신을 보다 좋게 고치는 데 힘썼다. 그렇게 하여 발명한 것이 전신 자동 수신 장치, 4중 송수신 장치, 자동 전신 기록 장치 들이다.

전신 자동 수신 장치란 전신을 자동으로 받는다는 뜻이다. 이전

재미있는 발명 이야기

돈을 적게 들여서 발명을 하려면 어떻게 해야 할까?

1. 구하기 쉽고 가격이 싼 재료로 만드는 발명품
2. 많은 재료가 들어가지 않는 발명품
3. 기계로 많은 양을 만들어 낼 수 있는 발명품
4. 만드는 과정이 간단하여 사람을 사서 쓰는 돈이 적게 드는 발명품
5. 재료나 제품의 크기가 작아 옮기기 쉬운 발명품

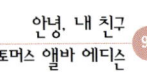

의 장치들은 상대방이 전신을 보내면 사람이 받게 되어 있었다. 그런데 이 장치는 테이프가 자동으로 움직여 그 신호를 구멍으로 뚫는다. 아니면 신호에 따라 화학 물질이 칠해져 그 내용을 받기도 한다.

사람이 전신을 받는다면 1분에 손으로 적을 수 있는 단어는 고작 50 단어이다. 그런데 에디슨은 그 역할을 기계가 한다면 1분에 1천 단어 이상 받을 수 있을 거라고 생각했다. 그의 생각은 적중했다. 그가 머릿속으로 생각한 장치를 3년 동안 고생해서 만든 것이다.

1년 뒤에는 보내 오는 전신문을 문자로 바꾸어 테이프에 적도록 하는 장치를 덧붙였다. 에디슨은 한 번 만든 발명품도 더 편리하게 만들고자 노력을 했던 것이다. 그런데 이 전신 자동 수신 장치 때문에 에디슨은 많은 괴로움을 당해야 했다. 골드라는 사람이 에디슨의 이 장치를 공짜로 갖고 싶어했던 것이다. 그렇게 되면 이 분야의 상대 회사인 웨스턴 유니언 전신 회사의 운영이 어려워져 자신에게 회사를 팔게 되어 있었다. 그것을 잘 알고 있는 골드는 에디슨의 이 발명품이라야 상대 회사가 망할 것이라 생각했다.

골드는 에디슨에게 4백만 달러의 주식을 줄 테니 이 장치를 팔라고 했다. 계약을 마친 골드는 물건부터 손에 넣었다. 그리고 약간의 돈을 에디슨에게 주었다. 물론 나머지는 주지 않았다. 거의 공짜로 에디슨의 이 발명품을 가로챈 것이다.

에디슨은 3년 간 애써 만든 이 장치를 빼앗길 수 없었다. 그래서 법정 싸움을 시작했다. 처음부터 자신의 것이었으니 주인을 제대로 가려 달라는 내용이었다. 결국 골드가 에디슨의 발명품을 가로챈 것이라는 결정이 내려졌다. 법정 싸움을 시작한 지 30년 만의 일이었다. 에디슨에겐 발명하기보다 더 힘겨운 시간들이었다.

손해 배상금은 겨우 1달러였다. 3년 간 피땀을 쏟아가며 만든 발명품으로 한 푼도 벌지 못한 것이다.

어느 날 에디슨은 웨스턴 유니언 전신 회사의 오톤 사장한테서 만나자는 연락을 받았다. 에디슨의 발명품을 가로챈 골드에 관해 할 얘기가 있다는 것이었다. 오톤 사장은 골드가 모스의 전자석 전신기의 특허권을 손에 넣었는데 이미 자신의 회사에서 쓰고 있는 이 장치를 문제삼을 것 같으니 새로운 장치를 만들어 달라는 것이었다.

에디슨은 연구에 들어갔다. 그리고 자신이 발견한 법칙을 2천 번 넘게 실험했다. 그렇게 하여 만들어 낸 것이 자동 기록 장치였다. 그런데 골드가 문제 제기를 하지 않았다. 그나마 양심이 있었던 모양이다. 하지만 그것이 꼭 좋은 일만은 아니었다. 에디슨이 공들여 만든 새로운 장치는 사용할 수 없게 되었으니까. 만들었으

에디슨이 발명한 개량형 전신기

나 제대로 사용 한 번 못하고 말았다. 에디슨은 웨스턴 유니언 전신 회사로부터 10만 달러를 받기로 했다. 한꺼번에 다 받으면 실험 도구를 사고 약품을 사는 데 쓸 것 같아 17년 동안 나누어서 받기로 했다.

다섯 개의 공장을 운영하는 에디슨은 백여 개의 발명을 동시에 진행했다. 그는 참으로 놀라운 힘을 가진 젊은이였다. 에디슨이 가장 관심을 가진 분야는 전신이었다. 그 중에서도 전선 한 줄로 두 개의 전신문을 보내는 방법에 대해 늘 고민했다. 그 결과 만들어 낸 발명품이 '2중 송신 장치'였다.

그런데 어느 날 오톤 사장이 거꾸로 두 개씩 모두 4개의 전신문을 하나의 전선으로 보낼 수 없겠느냐고 물었다. 에디슨은 연구해 볼 만하다는 생각이 들어 할 수 있다고 말했다. 오톤 사장은 그 방법이 성공한다면 전신을 처리하는 양이 배로 늘어나기 때문에 회사의 이익은 몇 백만 달러는 될 것이라고 일러 주었다.

에디슨은 8명의 전신 기사와 웨스턴 유니언 전신 회사의 지하 실험실에서 지냈다. 전선을 방에서 방으로 설치하고는 전신문을 보내는 쪽과 받는 쪽으로 나누어 실험을 반복했다. 계속하여 실험을 했지만 뾰족한 결과가 나오지 않았다. 에디슨은 능력이 모자라 그러는 것이 아닌가 싶었다. 그만큼 어렵고 힘든 일이었다.

겨우 '4중 송수신 장치'를 만들 수 있는 실마리를 찾은 에디슨은 오톤 사장과 관계자들을 불렀다. 그들 앞에서 뉴욕과 올버니를 연결하는 실험을 해 보일 생각이었다. 그런데 그 날은 비바람이 몰아치고 번개까지 번쩍거려 실험이 엉망이 되고 말았다. 오톤 사장은 크게 실망했다. 그래서 에디슨에게 5천 달러만을 건넸다. 집과 공장을 팔아야할 만큼 쪼들리던 에디슨에게 5천 달러는 너무 작은 돈이었다. 몇 백만 달러의 꿈이 날아가 버리는 순간이었다.

재미있는 발명 이야기

특허에 대해 얼마나 알고 있나요?

특허란 어떤 사람에 의해 이루어진 새로운 발명을 그 사람 또는 계승자에게 독점할 수 있게 하는 것을 말한다. 따라서 새로운 발명을 공개한 대가로 그 사람이나 계승자에게만 권리가 있기 때문에 같은 발명에 대해서는 단 하나의 특허권만 허가한다. 그리고 같은 발명품이 한꺼번에 신청되었을 때는 특허청에 가장 먼저 신청을 한 발명품이 특허권을 얻을 수 있다.

특허는 특허청에 신청을 한다. 몇 가지 서류가 필요한데 개인이 하기에는 좀 복잡하다. 그래서 대부분 특허에 대한 법률적인 기술자인 변리사를 통해 접수한다. 그래야 혹시 일어날지도 모르는 문제를 미리 예방할 수 있다. 이렇게 접수한 특허 신청은 보통 3년 이상 되어야 특허권을 받을 수 있다. 접수 건수가 많아 시간이 많이 걸린다. 이렇게 하여 얻은 특허권은 특허가 접수된 날로부터 20년 동안 독점한다.

특허를 받으려면 이런 발명품이어야 한다. 첫째, 특허법상 발명이어야 한다. 예전에 있던 것이면 되지 않는다는 말이다. 둘째, 그 발명이 산업적으로 이용될 수 있어야 한다. 실용성이 있어야만 한다는 말이다. 셋째, 새로운 발명이어야 한다. 넷째, 쉽게 창작될 수 있는 것이면 되지 않는다. 이와 같은 조건에 맞아야 특허를 받을 수 있다.

현재 대부분의 발명은 다른 사람이 이미 발명한 것을 보다 더 편리하고 좋게 바꾼 것들이다. 이런 발명품들은 산업 발전에 크게 기여를 한다. 따라서 이런 발명품도 특허권을 받을 수 있다. 다만 예전의 발명품에 새로운 기술적 요소가 꼭 덧붙여진 것이어야 한다.

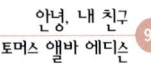

그런데 다행스럽게도 그의 '4중 송수신 장치'의 특허권을 사겠다는 사람이 나타났다. 그는 에디슨의 발명품 특허권을 훔쳐간 골드였다. 에디슨은 그에게 특허권을 판다는 게 내키지 않았다. 그러나 형편이 매우 어려웠기 때문에 팔 수밖에 없었다.

에디슨은 골드에게 자신이 발명한 장치를 설명해 주었다. 골드는 3만 달러에 그 장치를 사겠다고 했다. 그리고 이번에는 정확하게 약속한 돈을 건네 주었다.

겨우 숨통이 트이게 된 에디슨은 조용한 분위기 아래서 연구하고 싶어졌다. 시골로 돌아가야겠다고 생각했다.

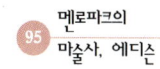

분석해서 보기
자상한 아버지, 에디슨

　에디슨에게는 여섯 명의 자식이 있었다. 첫째 부인 마리와의 사이에 세 명의 아이들이 있었고, 둘째 부인 미너와의 사이에도 세 명의 아이들이 있었다. 에디슨은 딸 매리언을 도트라 불렀다. 도트란 작게 콕 찍는 '점'을 이야기한다. 그리고 큰아들 토머스를 대시라 불렀다. 대시란 죽 긋는 '선'을 말한다. 과학에 관심 많은 발명가답게 아이들의 별명도 그렇게 붙였던 것이다. 연구소에서 돌아온 에디슨은 옷도 갈아입지 않고 아이들에게 가곤 했다. 물구나무도 서고, 스크린에 그림자를 비추어 그림자 놀이도 했다. 어느 때는 5미터 높이의 막대기를 세워 꼭대기에 돈을 올려놓기도 했다. 아이들에게 그 위에 올라가 돈을 갖도록 하는 놀이였다. 누나보다 막대기 타기가 서툰 아들을 위해 바짓가랑이에 송진을 문질러 미끄러지지 않게 도와 주는 자상한 아버지였다. 여름에는 아이들을 데리고 바닷가에 가 수영을 가르쳤다. 겨울에는 아이들과 썰매타기 하는 걸 잊지 않았다. 소복이 내린 눈 속에서 일부러 썰매를 뒤집어 아이들을 즐겁게 하기도 했다.
　에디슨은 아이들을 아주 사랑했으며 아이들 또한 그런 아버지를 잘 따랐다. 그의 발명품 축음기는 아이들에게 줄 장난감을 만들다 좋은 생각이 떠올라 발명한 것이다. 그가 만들려고 한 장난감은 전화기의 진동판을 붙여 목소리를 따라 나무를 켜는 인형이었다. 에디슨은 아이들에게 장난감을 직접 만들어 줄 정도로 자상한 아버지였던 것이다.

수천 번의 실험 끝에 탄생한 전화기

　1876년 에디슨은 뉴저지 주에 있는 멘로파크 마을로 이사를 했다. 그의 나이 스물아홉 살 때였다. 이 곳에는 미국의 도시 뉴욕과 필라델피아를 잇는 길이 있었다.

　그의 연구소는 옛날에 우편 마차가 다니던 길가에 있었다. 1층에는 사무실과 도서실, 제도실이 있었다. 이 곳에는 에디슨의 발명품이 모형으로 만들어져 전시되어 있었다.

　작업대가 갖추어진 2층은 실험실로 연장과 전지, 기계 그리고 수천 개나 되는 화학 약품 병이 놓여 있었다. 실험실 책상 위에는 현미경이나 전기 기구, 빛의 세기와 파장을 관측하는 분광기 따위가 올려져 있었다.

　그리고 연구실 한쪽 구석에는 파이프 오르간이 놓여 있었다. 쉬

는 시간에 직원들과 함께 파이프 오르간을 연주하며 피곤함을 달랬다.

그의 집은 이 연구소 근처 언덕 위에 있었다. 이 곳에서 아내 마리와 세 아이들이 지냈다. 집안일과 말을 돌보는 하인 몇 명도 함께 살았다.

에디슨은 일생 동안 이 곳에서 가장 많은 발명을 했다. 작은 것은 열흘마다 한 번씩 발명을 하고, 큰 것은 반 년에 한 가지씩 발명하겠다던 처음 약속을 그는 거의 지켰다. 한 달 평균 두 개의 발명품을 가지고 특허청에 들어갔으니까.

멘로파크로 이사 온 뒤 에디슨이 가장 먼저 시작한 일은 '말하는 전신기'를 발명하는 것이었다. 이것은 오늘날의 전화기를 말한다. 한 줄의 전선으로 많은 전신문을 보내는 연구를 할 때 떠올렸던 생각이다.

그런데 전화기 발명은 다른 사람들도 연구하고 있었다. 첫번째 사람은 영국인 벨(1847~1922)이다. 그는 말을 알아듣지 못하는 아이들을 가르치던 선생님이었다. 공기의 진동으로 소리를 전하면 그들도 소리를 들을 수 있다고 생각했다. 이것이 그가 전화기를 발명한 이유였다.

그리고 또 한 사람은 그레이(1835~1901)였다. 그는 대학에서 물리학을 공부한 과학자였다. 이들은 한 번도 만난 적이 없었다. 그러나 서로 다른 장소에서 같은 발명을 하고 있었던 것이다. 벨은 그레이보다 한두 시간 앞서 전화기를 완성했고 그것을 특허낼 수 있었다.

　반면에 그레이는 많은 고생 끝에 전화기를 완성했으나 벨보다 늦게 특허청을 찾아가는 바람에 특허권을 포기해야 했다. 특허권을 따내는 것과 그러지 않는 것은 하늘과 땅만큼 큰 차이가 있었다.

　벨의 전화기는 1876년 미국 독립 100년 기념 행사에서 선보였다. 사람들은 장난감처럼 생긴 그의 전화기에 관심이 없었다. 그런데 브라질의 황제가 '기계가 말을 한다'며 관심을 나타내자 사람들은 그 때서야 꼼꼼하게 들여다보기 시작했다. 벨의 전화기는 이 행사에서 가장 인기 있는 물건이 되었다.

　두 사람 이외에도 전화기 발명에 애쓴 사람이 한 명 더 있었다. 에디슨이 바로 그 사람이었다. 웨스턴 유니언 전신 회사의 오톤 사장이 벨의 전화기보다 더 뛰어난 것을 만들자고 했다.

　에디슨은 벨의 전화기를 자세히 살펴보았다. 무엇을 어떻게 바꾸어야 할지를 알아야 했기 때문이다. 벨의 전화기는 진동판이 하나밖에 없었다. 그래서 말할 때는 진동판에 입을 댔다가, 말을 들을 때는

에디슨이 발명한 전화기

귀에 대야 했다. 한쪽이 말을 하면 상대방은 듣기만 해야 하는 불편함도 있었다. 입에 대고 말을 하는 송화기를 만들면 될 것 같았다. 또 자석으로 움직이는 장치는 작은 소리를 제대로 전달하지 못했다. 그 문제는 진동판과 전선 사이를 이어 전류를 세게 보내면 해결될 것 같았다. 거기다가 벨의 전화기는 겨우 3킬로미터 안에서만 사용할 수 있었다. 보다 나은 전화기가 필요했던 것이다.

  에디슨은 수천 번이나 실험을 계속했다. 물이나 수은 같은 액체를 넣어 실험해 보기도 했다. 비단에 탄소를 먹여 얇은 막을 만들어 넣기도 했다. 무려 52시간 동안 쉬지 않고 일하기도 했지만, 결과는 만족스럽지 못했다. 실험을 기록한 공책은 수십 권이나 쌓여 갔다.

  에디슨은 예전에 책에서 읽은 이야기가 생각났다. 송화기에는 진동판과 전선을 단단히 이어야 하기 때문에 늘어났다가 원래 모습으로 되돌아가는 성질을 가진 고체가 필요하다는 대목이었다.

  그러던 어느 날 경비원이 창고에서 모아 온 그을음 덩어리를 보게 되었다. 에디슨은 그것을 단단하게 다져 작은 단추처럼 만들었다. 이 그을음은 책에서 이야기한 고체의 성질을 그대로 갖고 있었다.

  에디슨은 이것을 떨림판과 전선 사이에 끼워 넣었다. 그것은 생각했던 것보다 더 잘 사람의 목소리를 전달했다.

  그을음 덩어리를 이용해 에디슨은 탄소 알갱이를 사용한 송화기를 발명했다. 오늘날 우리가 쓰는 전화기의 원리는 바로 에디슨이 만든 이 방법이다.

　1878년 에디슨은 172킬로미터나 떨어진 뉴욕과 필라델피아 사이를 전화로 연결하였다. 사람의 목소리가 또렷하게 들려왔다. 에디슨의 노력이 헛되지 않은 대성공이었다.

　벨의 전화기를 한층 발전시킨 이 전화기는 세상을 놀라게 하기에 충분했다.

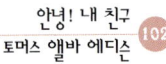

재미있는 발명 이야기

벨이 세계 최초의 전화기 발명자가 아니라고요?

　세계 최초의 전화기 발명자는 벨이 아니다. 벨은 세계 최초로 전화기를 특허낸 사람이다. 그렇다면 누가 전화기를 처음으로 발명한 사람일까? 독일 사람 필립 라이스 (1834~1874)가 바로 그이다. 그는 '소리를 멀리 전달하는 장치'라는 뜻의 'telephone'이라는 말을 처음으로 쓴 사람이기도 하다.

　필립 라이스는 독일의 겔른하우젠에서 빵집 아들로 태어나 어려서 고아가 되었다. 그는 어렵게 고등 학교를 졸업하고 기능공 수업을 받아 여러 직장을 떠돌아다녔다. 그러다가 원하던 공업 학교의 선생님이 되었다. 낮에는 아이들을 가르치고, 밤에는 전화기 만드는 일에 매달렸다. 그는 주로 맥주통 마개, 돼지 오줌보, 스프링, 바이올린과 같이 주변에서 쉽게 구할 수 있는 것을 재료로 사용했다.

　맥주통 마개를 사람의 귀 모양으로 깎은 뒤 돼지 오줌보를 붙이고 스프링을 연결해 말을 하는 '송화기'를 만들었다. 그리고 전자석에 바이올린을 연결해 말을 듣는 '수화기'를 만들었다. 이렇게 만들어진 전화기를 가지고 실험을 한 결과, 성공이었다. 그의 전화기는 생긴 것도 우스꽝스럽고, 그 구조도 볼품 없었지만 '소리를 전달하는 신기한 장치'였던 것은 에디슨은 이 전화기의 특허권을 오톤 사장에게 팔았다. 10만 달러를 17년에 나누어 받기로 계약을 했다. 오톤 사장은 이 전화기를 가지고 벨의 회사와 경쟁을 벌였다.

 그 뒤 오톤 사장은 에디슨 전화기의 특허권을 벨의 회사로 팔아 넘겼다. 그 덕분에 에디슨은 벨의 회사로부터 10만 달러를 받게 되었다. 그리고 얼마 뒤 또 확성식 수화기 특허권을 영국 사업가에게

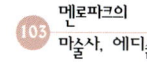

분명했다. 그가 만든 전화기 소문이 나면서 그것을 보려는 많은 사람들이 몰려 들었다. 필립 라이스는 자신이 만든 전화기를 좀더 보기 좋고, 쓰기 좋게 만들어 그것을 사용할 수 있게 하려고 애를 썼다. 그러나 쉬운 일이 아니었다.

 그는 1861년 10월 한 과학자 모임에서 전화기를 선보였으나 사람들은 별 관심이 없었다. 흥미로운 장난감 취급을 했을 뿐이다. 그러나 그는 실망하지 않았다. 전화기를 더욱더 사용하기 편하게 만들어 보급에 힘을 썼다. 하지만 결국 실용화하는 데 성공하지 못했다. 가난과 실망에 지쳐 라이스가 죽고 만 것이다. 그는 1874년 폐결핵으로 마흔 살의 젊은 나이로 세상을 떠났다.

 뒷날 미국 사람 벨이 다시 전화기를 발명해 특허를 얻어 회사를 세웠다. 그리고 사람들이 사용할 수 있도록 했다. 실용화에 성공한 것이다. 그 때서야 필립 라이스의 고향에서는 그가 위대한 발명을 했었다는 것을 알았다. 안타까워했지만 때는 이미 늦었다. 고향 사람들은 '필립 라이스가 벨이나 그레이보다 훨씬 앞서서 전화기를 발명했다.'고 주장했다. 그리고 그의 무덤 앞에 '전화기의 참된 발명자 - 필립 라이스' 라는 비문을 세워 그를 추모했다.

팔아 15만 달러를 받았다. 이 전화기는 그에게 꾸준히 발명할 수 있는 돈을 가져다 주었다.

  이 시기 미국은 발명가들의 천국이나 다름없었다. 새롭고 다양한 상품을 필요로 했으며 그러한 물건을 살 만큼 사람들의 생활은 넉넉했다. 미국의 특허청장은 '발명될 수 있는 것은 모두 다 발명되었다.'고 이야기했을 정도로 발명이 활발했다.

  에디슨은 발명가들 중에서 가장 뛰어났으며 돈도 가장 많이 벌었다. 그는 처음 계획했던 것보다 더 나은 발명품을 만들어 낸 발명가였다.

재미있는 발명 이야기

단 몇 시간 늦게 특허를 내는 바람에 잊혀져 간 발명가 그레이

1876년 2월 14일 미국 특허청에는 전화기 특허를 신청한 두 사람이 있었다. 한 사람은 벨, 그리고 나머지 한 사람은 그레이였다. 그런데 벨이 한두 시간 앞서 신청서를 냈다. 전화기 특허권은 벨에게 돌아갔다. 한두 시간의 차이 때문에 그레이는 특허권을 딸 수 없었다. 이로써 벨은 부자가 되고, 그레이는 그러지 못했다.

하지만 한두 시간의 차이로 벨은 대성공을 이루고, 그레이는 안타까운 2등이 된 것은 아니었다. 벨은 전화가 생활 속에서 사용할 수 있도록 꾸준히 발전시켰고 그레이는 그러지 않았다는 데 더 큰 이유가 있다.

그레이는 1835년 미국의 오하이오 주에서 가난한 농부의 아들로 태어났다. 그는 가족의 도움 없이 혼자의 힘으로 대학에서 물리학을 공부했다. 대학을 졸업한 그는 전자기학에 관심을 갖고 연구하여 이 분야에서 능력 있는 발명가가 되었다. 그가 발명한 전화기 역시 벨의 방식과 비슷한데 전기기학 전문가였기에 벨의 전화기보다 뛰어난 기능을 갖추고 있었다.

그러나 그레이는 전화를 생활 속에서 사용하는 것에는 별로 관심을 가지지 않았다. 그저 사람의 말을 전달하는 흥미 있는 장난감 정도로 이해했다. 전화가 요즘처럼 일상 생활에 사용될 수 있으리라는 기대는 별로 하지 않았던 것이다.

대신 그레이는 전화보다도 전신 분야에 더 관심을 갖고 있었다. 반면에 벨은 전화가 실용화될 거라는 확신을 갖고 자신의 전화를 더욱 발전시켜 나갔다. 1876년 필라델피아 박람회가 열린 뒤 벨은 전화 회사를 차려 전화 사업에 박차를 가했다.

벨의 노력은 성공을 거두어 전화는 단순한 장난감이 아니라 새로운 통신 수단으로 자리잡아 갔다. 그러자 그레이 전화의 사용권을 갖고 있던 웨스턴 유니언 전신 회사도 전화 사업을 하고 싶어졌다. 벨의 전화 회사와 이 회사는 경쟁하는 관계가 되었다. 결국 벨의 전화 회사가 전화로 얻은 이익을 웨스턴 유니언 전신 회사에 나눠 주기로 하고, 전신 사업에는 손을 대지 않기로 했다. 반면에 웨스턴 유니언 전신 회사는 전화 사업을 포기한다는 조건이었다.

벨의 전화 회사는 오늘날 미국의 통신 산업을 이끌어 가는 회사로 발전했다.

말하는 기계 축음기

세 아이의 아버지인 에디슨. 그는 아이들을 사랑했다. 그래서 틈틈이 아이들과 놀아 주었다. 에디슨은 아이들에게 직접 장난감을 만들어 주기도 했다. 한 번은 전화기의 진동판을 붙여서 작은 인형을 만들었다. 목소리가 울리면 인형이 톱으로 나무를 켜는 흉내를 냈다.

그런데 문득 에디슨의 머리를 스치고 지나가는 생각이 있었다. 목소리로 인형을 움직일 수 있다면 반대로 그 움직임을 목소리로 바꿀 수도 있겠다는 것이었다.

에디슨은 모스 부호의 점이나 선을 빙글빙글 도는 원통에 기록을 했다. 그리고는 그것을 소리로 바꾸었다. 움직임을 소리로 바꾸는 데는 일단 성공한 것이다.

그런 다음 소용돌이치는 모양의 홈에다가 점이나 선을 새겨 두었다. 그것은 듣고 싶으면 언제든지 다시 들을 수 있도록 했다. 하지만 사람의 목소리를 그대로 들려 주는 기능은 하지 못했다.

그 날도 에디슨은 새 방법으로 축음기를 만드는 실험을 하고 있었다. 파라핀을 먹인 긴 종이 테이프를 써서 하는 실험이었다.

상태가 고르지 않아 테이프가 빨리 감기는 것이었다. 그런데 도는 속도가 빨라질수록 사람의 목소리에 가까운 소리가 나는 것이 아닌가. 분명하지는 않았지만 그것은 사람의 목소리였다. 에디슨은 무릎을 쳤다. 축음기의 발명이 눈앞에 다가왔음을 느낀 것이다.

축음기를 만들 수 있는 원리를 알게 된 에디슨은 설계도를 그렸

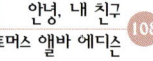

재미있는 발명 이야기

전화기가 쓸모없는 물건 취급을 받았다고요?

에디슨은 그가 발명한 전화기의 특허권을 웨스턴 유니언 전신 회사에 10만 달러를 주고 팔았다. 그레이의 전화기 사용권도 갖고 있던 회사이다. 그런데 1876년 작성한 이 회사의 회의 내용을 보면 이런 기록이 남아 있다. 이 회사의 간부가 한 말이라고 한다.

'전화라는 것은 통신 수단으로 사용하기에는 결점이 너무 많다. 이 기구는 우리에게 별 가치가 없다.'

오늘날 한 집에도 전화가 몇 대씩 있다는 사실을 안다면 기절했을지도 모를 일이다. 전화가 없어서는 안 될 중요한 기계라는 사실을 알지 못해 이 회사는 벨의 전화 회사에 주도권을 빼앗기고 말았다. 앞날을 내다보는 지혜가 얼마나 중요한지 이 사건은 가르쳐 주고 있다.

다. 빙글빙글 돌리는 손잡이·홈을 판 원통·그리고 한쪽 끝에는 바늘을, 다른 쪽 끝에는 전화기의 진동판을 붙인 기계였다. 에디슨은 그것을 기계를 만드는 그루예시에게 가지고 갔다. 그루예시는 에디슨이 원하는 기계라면 뭐든지 만들 수 있었다. 그러나 이번에는 무엇을 만들기 위한 설계도인지 알 수가 없었다.

그루예시는 에디슨이 원하는 대로 기계를 만들어 그의 책상 위에 올려 놓았다.

직원들은 하나같이 그 기계가 어디에 쓰이는 것인지 궁금했다. 그래서 에디슨을 찾아가 물었다.

"사장님, 뭐하는 기계입니까?"

"말하는 기계라네."

기계가 말을 하다니! 직원들은 모두 놀라 에디슨을 쳐다보았다. 그러나 그의 표정은 조금도 변하지 않았다.

직원들은 에디슨의 말을 믿을 수가 없었다. 기계가 말을 한다는 건 있을 수 없는 일이었다. 그래서 에디슨과 내기를 했다. 에디슨이 진다면 마음대로 담배를 피워도 좋다는 조건이었다.

에디슨은 얇은 주석판을 가져오게 하여 원통에 감았다. 그리고 손잡이를 돌렸다. 주석판이 찢어지고 말았다. 직원들은 자기들이 이겼다고 생각했다. 말하는 기계라니! 처음부터 말도 안 되는 소리였다.

그런데 찰스 바첼러가 한 마디 거들고 나섰다.

"더 지켜봐야 할 일일세."

그는 에디슨을 잘 알고 있었다. 에디슨이라면 말하는 기계도 만들 수 있다고 생각하는 사람이었다.

에디슨은 주석판을 다시 가져오게 했다. 이번에는 풀을 먹여 원통에 주석판을 붙였다. 그리고 손잡이를 돌리며 작은 송화기에 입을 댄 채 노래를 불렀다.

메리는 새끼양을 갖고 있었네
털은 눈처럼 하얗지
메리가 가는 데마다
새끼양은 졸졸 따라다닌다

바늘을 처음으로 돌린 에디슨은 손잡이를 돌리기 시작했다. 그러자 진동판이 떨리며 에디슨의 노랫소리가 희미하게 들려왔다.

메리는 새끼양을 갖고 있었네
털은 눈처럼 하얗지

직원들은 모두 깜짝 놀랐다. 기계가 정말 말을 하는 것이 아닌가. 누구도 감히 상상할 수 없는 일을 에디슨이 해낸 것이다. 그루예시는 자기 손으로 만든 기계가 그토록 대단한 것이었다는 사실이 믿기지 않았다.

그루예시는 평생 동안 그렇게 놀라운 일은 없었다고 말했을 정

재미있는 발명 이야기

축음기도 여러 차례 발전하며 발명된 거라고요?

오래 전부터 사람들은 자신의 목소리나 그 밖의 소리들을 담아 두었다 다시 들을 수 있으면 좋겠다고 생각했다. 이런 바람은 발명가들의 노력으로 현실이 되었다. 오늘날에는 카세트 테이프, 레코드, 비디오 테이프 등 여러 가지 방법으로 소리를 쉽게 기록할 수 있다.

1857년 프랑스의 스코트는 메가폰 밑바닥에 얇은 막을 붙였다. 여기에 단단한 털을 달아 기름을 칠했다. 그리고 종이를 원통에 감아 단단한 털 끝이 여기에 닿도록 했다.

그런 뒤 메가폰에 대고 말을 하면 얇은 막이 진동하여 단단한 털이 기름칠을 문질러 말을 기록했다. 이것이 최초의 축음기이다.

1877년 프랑스 C. 크로가 팔레오폰이라는 축음기를 발명했으나 관심을 갖는 사람이 없었다.

몇 개월 뒤에는 에디슨이 축음기를 발명했다. 릴레이 경기 때 쓰는 바톤 같은 원통을 한 방향으로 돌게 하여 마이크 역할을 하는 작은 나팔 모양의 컵에 대고 노래나 말을 하면 그 소리가 기록되는 장치였다.

1888년 독일의 발명가 벨리 나는 에디슨의 축음기 원통을 새롭게 바꿔 더 좋은 축음기를 만들었다.

그가 발명한 것은 오늘날 우리가 사용하는 레코드와 거의 같은 기능과 작용을 하는 둥글고 평평한 축음기판이었다. 에디슨의 녹음 원통은 같은 것을 천 개 정도 만들려면 천 번을 녹음해야 한다.

그러나 벨리 나의 녹음 원판은 처음에 만든 기본 판 하나로 똑같은 것을 무수히 녹음할 수 있었다.

그 뒤 축음기는 두 갈래로 갈라져 발전을 했다. 한쪽은 녹음 기능을 발전시키는 쪽이었고, 나머지 한쪽은 음반 형식으로 나아가는 쪽이었다. 이것은 오늘날에 와서 카세트 녹음기와 카세트 테이프, 그리고 전축과 레코드가 되었다. 덴마크의 발명가 바울센과 독일의 발명가 이마가 녹음 테이프 발명에 큰 힘을 보탰다.

도이다.

크고 놀라운 발명은 몇 년 동안 고생한 끝에 이루어지는 법이다. 그러나 축음기는 가치에 비해 투자한 시간과 노력이 많은 편이 아니었다. 우연한 곳에서 생각을 했다.

기계가 빨리 감기는 실수 속에서 그 실마리를 찾아 발명한 것이었다. 그런 사실 때문인지 에디슨 자신도 축음기 발명이 믿기지 않았다.

이 축음기 덕분에 사람들의 목소리를 녹음했다가 다시 들을 수 있는 시대가 열렸다. 오래도록 기록에 남을 이야기를 녹음했다가 들을 수도 있었고, 아름다운 음악 역시 어느 때고 들을 수 있게 된 것이다.

에디슨이 축음기를 발명했다는 사실이 알려지자 많은 사람들이 그의 연구소에 찾아왔다. 이 때가 1877년 12월이었다. 다음 해에는 미국 대통령이 사는 백악관의 초대를 받고 헤이스 대통령 앞에서 축음기를 선보였다.

어느 새 사람들 사이에서 에디슨은 '멘로파크의 마술사'로 불리게 되었다.

지난 10년 동안 에디슨은 쉴 사이

에디슨이 발명한 축음기

도 없이 발명에 빠져 지냈다. 그러는 가운데 에디슨은 기어이 병이 들고 말았다. 축음기 발명으로 많은 사람들이 찾아온 것도 에디슨을 지치게 했다.

결국 에디슨은 여행을 하면서 쉬기로 했다. 그는 와이오밍 주의 로린즈에 갈 생각이었다.

그 곳은 해가 달에 완전히 가려서 보이지 않게 되는 개기 일식이 벌어지는 지역이었다.

그가 이 지역을 선택한 데는 이유가 있었다. 축음기를 발명한 뒤 온도를 재는 데시미터라는 기계를 발명했다.

그런데 개기 일식 때 태양 주위에 보이는 빛의 온도를 이것으로

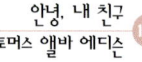

잠깐 상식

섭씨와 화씨의 차이는 무엇일까요?

섭씨는 온도를 나타내는 한 가지 방법이다.
1기압 아래에서 물이 끓는점을 100도, 어는점을 0도로 해, 그 사이를 100 등분한 다음 한 눈금을 1도로 하여 나타낸 온도이다. 1742년에 스웨덴의 천문학자 셀시우스에 의해 이름이 붙여졌다. 단위는 ℃이다.
화씨는 1714년에 독일 사람 파렌하이트가 세계 최초로 정한 온도 눈금이다. 단위는 °F이다. 섭씨 0도를 32°F로, 섭씨 100도를 212°F로 정해 이를 180 등분한 눈금이다. 물의 어는점은 32°F, 끓는점은 212°F이다. 미국과 영국 등지에서 쓰이고 있다. 기호 F는 파렌하이트의 머리글자를 따서 붙였다.

재보고 싶었던 것이다. 이 때가 1878년으로 그의 나이 서른한 살이었다.

데시미터는 화씨로 백만 분의 1도까지 잴 수 있는 아주 뛰어난 온도 탐지기였다.

이 기계도 전화에 사용한 탄소 알갱이가 쓰였다. 이 기계는 10미터나 떨어진 곳에서 손을 내밀어도 움직일 만큼 아주 예민했다. 체온으로도 바늘이 움직였고 사람이 얼굴을 붉혔을 때 그것까지 알아차릴 정도였다. 그리고 아주 먼 지역의 별에서 나오는 열도 느끼는 기계였다.

로린즈는 작고 보잘것없는 도시였다. 개기 일식을 보기 위해 수많은 사람들이 몰려들자 하나밖에 없는 호텔은 미어터질 지경이었다. 에디슨은 혼자서 방을 쓸 수 없었다. 그래서 뉴욕 헤럴드라는 신문사의 기자인 마샬 팍스라는 사람과 한 방에서 묵어야 했다. 한 방을 사용한 인연으로 두 사람은 평생 우정을 나누는 친구가 되었다.

에디슨은 망원경과 데시미터를 닭장에 설치했다. 맞춤한 장소가 없었던 것이다.

그런데 개기 일식이 시작되자 닭들이 닭장으로 몰려들었다. 갑자기 깜깜해지자 밤으로 착각을 한 것이다.

게다가 개기 일식을 할 때 태양 둘레에 보이는 빛이 아주 뜨거워 데시미터를 사용할 수 없었다. 일식이 끝나갈 때야 눈금을 조절해 겨우 바늘이 움직이는 것을 볼 수 있었다.

두 달 동안의 여행은 에디슨에게 새 힘을 가져다 주었다. 맑은 공기를 맘껏 마실 수 있어서 건강도 많이 좋아졌다. 그리고 오랜만에 일에서 벗어나 편안하게 쉴 수 있었던 것도 좋았다. 더 유익한 발명을 많이 할 수 있을 것 같았다.

백열등 발명에
쏟은 정열

전기를 빛으로

여행에서 돌아온 에디슨은 백열등 발명에 온 힘을 기울였다. 백열등을 발명하겠다는 것은 전기를 빛으로 바꾸겠다는 뜻이었다. 에디슨 이전에도 많은 과학자들이 이 연구를 했다. 하지만 발전의 속도는 너무 느렸다.

1808년에 영국 사람 데이비가 전지 2,000개를 사용해 두 개의 탄소 막대기 사이에 전기가 흐르게 하는 아크등을 발명했다. 푸르스름한 빛을 내는 이 등은 전기를 넉넉하게 만들어 내는 발전기가 없어서 쓸모 있게 사용하지는 못했다. 게다가 이 아크등은 요란한 소리를 내는 데다 뜨거운 불꽃을 튀겨 집안에서 사용하기에는 몹시 위험했다. 고장도 잦았다.

1831년에는 패러데이가 발전기를 발명하여 아크등을 더 효과적

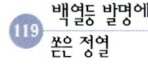
백열등 발명에 쏟은 정열

으로 사용하게 되었다. 1860년대에는 이 아크등이 영국의 바닷가에 등대로 밝혀졌다. 미국에서도 1876년에 공기 속에서도 빛을 발하는 아크등이 발명되어 벨의 전화기가 전시되었던 그 행사에 선을 보였다. 이 밖에도 프랑스에서는 '전기 촛불'이 가로등으로 사용되고 있었다.

그리고 백열 전등에 대해 연구하는 사람들도 있었다. 하지만 어느 누구도 5, 6초 이상 백열 전등이 켜지게 하는 사람은 없었다. 그 수준으로는 백열 전등을 실제 사용할 수 없었다.

백열 전등을 발명하기로 마음을 굳힌 에디슨은 그 동안 발명된 전등은 어떤 문제들을 안고 있는지 알아보았다. 첫번째 문제는 전선이 금속이나 탄소로 되어 있어서 전기가 많이 소모된다는 점이었다. 두 번째는 유리공 속에서 빛을 발하게 하는 재료가 빨리 타 버린다는 점이 문제였다. 그리고 세 번째는 필요한 양만큼만 사용할 수 없다는 점이었다. 네 번째는 발전기가 많은 양의 전기를 만들어 내지 못해 50퍼센트 이상의 전기 에너지를 얻을 수 없다는 점이었다. 전기를 사용하려면 발전기가 90퍼센트 이상의 역할은 해야 했다.

이 네 가지 문제를 해결하는 전기를 만들어 내는 것이 에디슨의 목표였다. 그래서 많은 사람들이 밤만 되면 어둠 속에 갇혀 마음껏 움직이지 못하는 문제를 해결해 주고 싶었다.

에디슨은 전기 분야의 전문가들과 함께 윌리스의 공장을 찾아갔다. 윌리스는 미국에서 처음으로 발전기를 만들어 낸 사람이다. 그의 공장에는 아크등이 여덟 개나 밝혀져 있었다.

　에디슨이 월리스의 공장을 찾아간 것은 잘한 일이었다. 그러나 이 공장에서도 앞서 말한 네 가지 문제는 하나도 해결하지 못하고 있었다. 에디슨은 자신이 하려는 발명이 얼마나 중요한 일인지 다시 한 번 확인한 셈이었다.

　에디슨은 발명에 앞서 '뉴욕 선'의 기자를 불렀다. 중요한 발표를 하기 위해서였다.

　나 에디슨은 전등을 만들 수 있는 틀을 발명했다. 머지않아 밤이 되어도 대낮처럼 밝은 세상이 올 것이다. 발전기 한 대로 1천 개, 아니 1만 개의 전등도 켤 수 있다. 그 정도 힘이라면 엘리베이터나 전기톱, 재봉틀도 움직일 수 있다.

　에디슨의 태도는 당당했다. 마치 백열 전등을 이미 발명한 사람 같았다. 에디슨은 구체적인 실험에 들어가지도 않은 것을 왜 세상에 알린 것일까. 큰소리치듯이 말이다.

　에디슨은 백열 전등을 발명한다는 게 얼마나 힘든 일인지 알고 있었다. 어쩌면 불가능한 일일 수도 있었다. 따라서 그런 일에 도전한 자신과 그의 직원들에게 힘을 실어 줄 필요가 있었다. 큰소리치고 나면 어려운 일이라도 꼭 해낼 거라는 믿음도 있었다.

　에디슨이 발명에 대한 계획을 서둘러 발표한 것은 변호사 롤리가 뒤에서 꾸민 일이라는 말도 있다. 롤리는 에디슨이 발명가로서 아주 뛰어난 사람이라는 걸 금세 알아보았다. 그래서 에디슨이 계

획하고 있는 백열 전등 발명이 꼭 성공하기를 바랐다. 그러기 위해선 많은 돈이 필요했다. 그것은 에디슨으로선 책임질 수 없는 많은 돈이었던 것이다. 궁리 끝에 롤리는 부자들의 도움을 받으면 될 거라 생각했다. 그래서 시작 단계에 있는 발명을 서둘러 신문에 밝혔던 것이다.

롤리의 생각은 들어맞았다. 웨스턴 유니언 전신 회사에서 3만 달러를 보내 왔다. 에디슨과 가까운 사람들도 돈을 보내 왔다. 에디슨은 그렇게 모아진 돈으로 에디슨 전등 회사를 차렸다.

하지만 에디슨의 그런 발표는 좀 이른 감이 있었다. 약속을 지키기 위해 그와 그의 직원들은 일 속에 파묻혀 살아야 했으니까.

에디슨이 발표한 내용에 사람들은 많은 관심을 보였다. 사람들은 하나같이 들떠 있었다. 에디슨은 역시 위대하다며 칭찬하는 사람들도 있었다.

그러나 모두 그를 추켜세운 것은 아니었다. 가스등과 관계 있는 일을 하는 사람들은 에디슨이 위험한 인물이라고 생각했다. 에디슨의 발표 이후로 가스등 관계의 주식값은 엄청나게 떨어졌다. 사람들이 가스등에는 더 이상 투자할 가치가 없다고 생각했기 때문이다.

전화기와 축음기를 발명한 에디슨. 그가 백열 전등을 발명한다면 집집마다 싸게 전력을 공급할 것이 분명했다. 그렇다면 가스등 회사는 엄청난 손해를 볼 것이고, 마지막에는 문을 닫을 수밖에 없는 일이었다.

그래서 가스등 회사들은 가만히 있지 않았다. 에디슨이 자기들의 생각을 훔쳐 갔다며 그를 몰아붙였다. 에디슨이 생각해 낸 백열 전등은 가스등 회사에서 연구하고 있던 것으로 그 내용을 에디슨이 훔쳐 갔다는 것이다.

이론에 밝은 과학자들은 전기란 필요한 양만큼 나눌 수 있는 것이 아닌데도 에디슨이 그럴 수 있다고 말을 했다며 그를 비난했다. 에디슨이 사람들에게 헛된 꿈을 전하는 사기꾼이라며 비난하는 사람들도 많아졌다.

백열 전등을 발명하려면 많은 전문가들이 필요했다. 그 때 마침 필요한 사람들이 에디슨을 찾아왔다.

영리한 소년 프랜시스도 그 중 한 명이었다. 그는 변호사인 롤리의 사무실에서 연락용 전신기 다루는 일을 했다. 과학에 관심이 많던 그는 일이 끝난 뒤에는 야간 학교에 다니며 화학과 물리학, 고등 수학 따위를 배웠다.

에디슨이 롤리와 친하다는 것을 안 프랜시스는 그의 연구소에서 일을 하고 싶었다. 그래서 롤리에게 소개장을 써달라고 했다.

프랜시스는 그것을 들고 에디슨의 연구소를 찾아갔다. 잔뜩 겁에 질려 연구소 현관 문에 서자 경비원이 일을 하고 싶으면 에디슨 눈에 띌 때까지 가만히 기다려야 한다고 일러 주었다.

프랜시스는 에디슨이 있는 2층으로 올라갔다. 가지런히 정리된 약병들, 여러 가지 실험 기구들, 그리고 파이프 오르간이 눈에 들어오는 실험실이었다. 에디슨은 백열 전구 실험에 열심이었다. 에

디슨은 실험에 빠져 프랜시스가 들어오는지도 알지 못했다. 열여덟 살 소년 프랜시스에게 에디슨은 가장 위대해 보였다.

에디슨의 허락으로 그의 연구소에서 일을 하게 된 프랜시스는 '멘로파크의 마술사' 조수가 된 것이다. 프랜시스는 에디슨에게 큰 도움을 준 조수가 되었다. 그리고 에디슨과 함께 일한 사람 중에서 가장 오래 살았다.

앱톤이라는 머리가 좋은 수학자도 에디슨의 조수로 취직을 했다. 그는 대학 교육을 받은 사람으로 에디슨에게 부족한 수학적인 능력을 갖고 있었다. 그는 전기를 만들어 내는 발전기를 보다 더 좋게 발명하는 데 필요한 계산을 해냈다. 그리고 과학자들이 불가능한 일이라고 했던 전기를 나누어 사용하는 문제를 해결하는 데도 큰 역할을 했다.

에디슨은 새로운 건물도 두 채 지었다. 그는 사실 건물을 새로

재미있는 발명 이야기

전구(불)는 어떻게 발전해 왔을까?

사람이 사용한 최초의 불은 나무를 태워 얻은 불빛이었다. 그 뒤 돌접시에 동물의 기름을 넣어 불을 켠 호롱불이 사용되었는데 지금부터 1만 년 전의 일이다. 촛불은 2천여 년 전쯤 중국과 유럽 등지에서 사용하기 시작했다. 그리고 석탄 가스를 연료로 사용한 가스 등은 1802년 영국의 메드크에 의해 발명되었다. 오늘날과 같은 백열 전구는 에디슨이 1879년에 발명한 것이다.

짓는 데 돈을 쓰고 싶지 않았다. 하지만 롤리가 건물을 지어야 한다고 주장했다. 에디슨이 꼭 필요하고 돈이 되는 연구 중이라는 믿음을 주려면 건물이 그럴듯해야 한다는 것이었다. 그래야 돈 많은 사람들이 에디슨에게 투자를 한다는 것이었다. 열심

개량형 축음기의 성능을 실험하는 에디슨

히 연구하는 모습만큼 겉모습 또한 중요하다는 것이 롤리의 생각이었다. 실제로 롤리의 생각은 들어맞았다.

하지만 여러 채 건물 중에서 사람들의 마음을 끄는 곳은 판자로 된 낡은 연구소였다. 그 곳에선 불빛이 꺼지지 않은 채 밤낮없이 연구 중이었다.

한 개인의 뛰어난 능력, 그 능력을 뒷받침해 주는 전문가들, 그리고 그것들을 바탕으로 발명을 할 수 있게 해 주는 돈. 이 세 가지가 에디슨을 위대한 발명가로 만들어 주었다. 이들 중에서 어느 것 하나가 부족하다면 좋은 발명가가 될 수 없다는 말이 되기도 한다. 이 세 가지는 똑같이 중요한 요소라 할 수 있다.

분석해서 보기
에디슨이 발명가로 성공한 데는 여러 가지 이유가 있다고요?

　에디슨은 발명가로서 뛰어난 능력을 갖고 있었다. 사물에 대한 많은 호기심과 그것을 실험이나 연구를 통해 확인하는 자세, 그리고 지루할 정도로 반복해야 하는 실험을 이겨 내는 끈기. 이런 점들은 에디슨을 발명가로 키운 밑거름이었다. 하지만 이런 점 말고도 그를 위대한 발명가로 키운 것은 또 있었다. 에디슨이 살던 시대는 한 사람의 뛰어난 발명가를 요구하는 시대는 이미 아니었다. 많은 발명품이 동시에 쏟아지던 시대였기 때문에 한 개인이 그것을 감당하기에는 벅찼다. 따라서 능력 있는 여러 사람이 힘을 합쳐 빠른 시간에 많은 양의 발명품을 만들어 내야 했다. 에디슨에게도 수학자, 물리학자, 화학자 그리고 기술자와 같이 각자 뛰어난 능력을 갖춘 연구원들이 많았다. 그들의 지식과 능력이 뒷받침되었기에 에디슨이 그 능력을 발휘할 수 있었던 것이다. 에디슨에게 그런 전문가 집단이 없었다면 그는 뛰어난 발명가가 되지 못했을 것이다. 에디슨을 성공한 발명가로 키운 또 하나의 원인은 그에게 돈을 투자한 사람들이 있었다는 것이다. 한 가지의 발명품이 탄생하기까지는 많은 돈이 필요했다. 바꾸어 이야기하면 돈이 없으면 좋은 발명품을 만들 수 없다는 말이 된다. 그에게 돈을 투자한 사람들이 없었다면 에디슨은 오늘날 우리가 만나는 발명품을 만들 수 없었을 것이다. 물론 에디슨이 뛰어난 능력을 갖고 있기 때문에 사람들이 그에게 돈을 대 주었겠지만 말이다.

힘겨운 시간을 이기고

2층 실험실 다락방에는 여러 가지 귀한 금속들이 들어 있었다. 지르코늄, 로듐, 바륨, 백금. 이것들은 모두 백열등의 필라멘트로 사용할 수 있는지 실험하기 위해 보관하고 있었다. 필라멘트란 전구 안에서 빛을 내는 물체를 말한다. 전구 속을 들여다보면 꼬인 W자처럼 생긴 가느다란 선이 있는데 이것이 필라멘트이다. 필라멘트란 말은 에디슨이 처음 썼다.

'백금은 늘어나는 성질이 있어 거미줄에 맞먹는 가는 철사를 만들 수 있다.' 에디슨은 열한 살 때 책에서 이런 대목을 읽었다. 그것을 기억해 낸 에디슨은 필라멘트를 만드는 데 백금이 적당할 것 같았다. 그러나 백금은 너무 비쌌다. 또 엄청나게 밝은 빛을 내지만 곧 타버리는 성질을 갖고 있었다. 이 상태로는 백금을 이용해선 필라멘트를 만들 수 없었다. 에디슨 이전에도 다른 발명가들이 백금을 막대기나 손으로 늘여서 시험해 보았지만 다들 실패했었다.

　무엇으로 필라멘트를 만들 것인지가 가장 큰 고민거리였다. 그 다음은 만들어진 필라멘트를 전구 속에 집어넣는 게 문제였다. 어떤 물질이 탈 때는 산소가 필요하다. 산소는 공기 중에 있다. 따라서 공기를 적게 해야 필라멘트가 타서 못쓰게 되는 것을 막을 수 있다. 그렇게 하려면 필라멘트를 아주 가는 선으로 만들어 공기가 거의 없는 상태에서 전구 속에 넣어야 했다. 그러나 에디슨이 갖고 있는 진공 펌프로는 공기를 완전히 빼내기가 힘들어 필라멘트가 타버리는 것을 막을 수 없었다.

　값이 비싸고, 금세 타버리는 백금. 게다가 전구 속에 들어찬 공기를 빼내지 않으면 아무리 값비싼 백금도 필라멘트로는 적합하지 않았다. 반대로 이 세 가지 문제를 해결한다면 백금은 필라멘트로 사용할 수 있다는 말이 되었다. 에디슨은 서둘러 이 세 가지 문제를 해결해야 했다.

에디슨이 전구 실험을 한 멘로파크 연구소

우선 백금의 생산량을 늘리고, 값을 내릴 수 없을까 싶어 다른 나라에 사람을 보내 알아보도록 했다. 그러나 결과는 신통치 않았다.

그 다음으로 백금의 온도가 높아질 때 백금이 타서 없어지는 문제를 해결하는 방법을 찾아야 했다. 에디슨은 백금의 온도가 지나치게 높아지면 자동적으로 전기의 흐름이 끊기게 해 그 문제를 해결하려 했다.

그리고 전구 속에서 공기를 빼내는 방법은 새로운 진공 펌프를 발명하는 것으로 문제 해결을 하려 했다.

하지만 백금으로 백열등을 만드는 것은 실패로 끝났다. 값비싼 백금을 실험용으로 썼기 때문에 연구비 5만 달러도 바닥이 났다. 돈이 더 필요했다. 그러나 그에게 투자했던 사람들은 지금까지 연구한 결과를 보고 싶어했다. 그것을 봐야 돈을 더 투자할지, 말아야 할지 결정할 수 있으니까.

에디슨은 그들의 요구를 따랐다. 자신이 지금 어떤 어려움에 처했는지 보여 줄 필요도 있었다.

1878년 바람이 몹시 부는 밤. 에디슨은 롤리와 함께 그에게 돈을 투자한 사람들을 모두 초대했다.

에디슨은 실험실 벽에 전구를 한 줄로 늘어놓았다. 전구는 아주 짧은 시간 동안 빛을 내고는 사라졌다. 방 안 가득 어둠이 들어찼다. 에디슨은 솔직하게 고백을 했다. 아직 완성하지 못했다는 것을.

그러나 그렇게 주저앉을 에디슨이 아니었다. 그는 용기를 내어 한 마디했다.

"많은 시간과 실험, 돈이 필요합니다. 몇 초 동안만 빛을 내는 전구로는 돈을 벌 수 없습니다. 그러니 제발 조금만 더 도와 주십시오."

에디슨의 말에 사람들의 반응이 시큰둥했다. 그러자 이번에는 롤리가 일어나 한 마디 덧붙였다.

"제 친구 에디슨은 대단한 젊은이입니다. 그는 지금까지 많은 발명품을 만들었습니다. 그런 그이기에 곧 해결 방법을 일러 줄 것입니다. 그러러면 많은 돈이 필요합니다. 에디슨에게 한 번만 더 기회를 주십시오."

롤리의 이야기는 아주 간절해 사람들의 마음을 사로잡기에 충분했다. 그러나 그 날 밤 분위기는 매우 침울했다. 아무래도 백금 전구가 실패로 끝나서 그런 모양이었다.

불행은 겹쳐서 왔다. 전구 실험을 하던 에디슨의 눈에 이상이 생겼다. 전구를 너무 오랫동안 바라보았기 때문에 눈이 상하고 만 것이다. 거기다가 어렸을 때 다친 쪽 귀의 아픔도 심해졌다. 에디슨은 침대보를 뒤집어쓰고 아픔을 참으며 가만히 누워 있는 날이 늘어갔다.

에디슨의 마음을 더 아프게 한 것은 신문과 잡지에서 그를 사기꾼이라고 몰아붙이는 것이었다. 참기만 했던 에디슨도 화가 났다. 그래서 기자에게 한 마디 쏘아붙였다.

분석해서 보기
사장으로서의 에디슨

에디슨은 직원들과 한데 뒤섞여 연구하고, 실험하고, 때로는 농담과 이야기를 주고받는 마음 좋은 사장님이었다. 그러나 그는 낡은 생각을 하는 사장님이기도 했다.

에디슨은 하루에 18시간이나 20시간씩 일을 했다. 그래서 직원들도 11시간은 일해야 한다는 생각이었다.

물론 직원들의 생각은 달랐다. 그들은 하루에 10시간 일을 하고 월급도 많이 받기를 원했다.

에디슨과 직원들은 이런 차이 때문에 다투는 일이 잦았다. 사람이 항상 좋을 수는 없듯이 에디슨에게도 결점과 문제는 있었다.

게다가 에디슨이 운영하는 회사는 돈에 쪼들리는 날이 많은 데다 경쟁 회사와 다툼이 쉴새없이 이어져 에디슨과 직원들 모두를 지치게 했다.

오죽했으면 에디슨이 '나는 전등을 발명했으나 얻은 것은 아무것도 없었다. 수십 년 동안 재판에 얽매었을 뿐이다.'고 말을 했겠는가.

"나는 밤낮없이 일에 매달리고 있소. 그런 내게 필요한 건 칭찬이오. 비난 따윈 이제 그만 하시오."

에디슨은 정말로 일주일에 100시간 이상 일을 했다. 일주일이 168시간이니까 그가 일한 시간은 엄청난 것이었다. 보통의 경우 일주일에 40시간 일을 하면 많이 하는 편이었다. 그런데 두 배가 넘는 100시간이라니! 에디슨의 끈기와 집중력은 알아 줄 만했다.

백열 전등 연구는 세 가지로 나누어 이루어졌다. 충분한 전기를 만들어 내기 위해 발전기를 발명하는 것이 첫번째 해야 할 일이었다. 두 번째는 전구 속의 공기를 빼내는 장치를 만드는 일이었다. 그리고 세 번째는 효과가 뛰어난 필라멘트를 만들기 위해 1600여 가지나 되는 재료로 실험을 하는 것이었다. 1600가지 재료 중에는 사람의 수염, 종이, 골판지, 채소의 섬유, 무명실같이 주변에서 쉽게 구할 수 있는 것들도 많았다.

공기를 빼내는 것과 발전기의 발명은 1879년에 이루어졌다. 문제는 무엇으로 필라멘트를 만드느냐 하는 것이었다. 백금으로 필라멘트를 만들려는 그의 노력은 1879년 4월까지 계속되었다. 그러다가 전화를 발명할 때 사용한 탄소를 쓰면 어떨까 하는 생각이 떠올랐다.

그러던 어느 날 에디슨은 별 생각 없이 램프에서 생긴 그을음을 만지작거렸다. 그을음을 매만져 불에 태우니 놀랄 만큼 딱딱해졌다. 말발굽 모양으로 구부려 놓고 보니 필라멘트로 사용할 수 있을 것 같았다.

에디슨은 직원들과 함께 그을음에 탄소 알갱이를 섞어 가느다란 실을 만들었다. 그것을 다지는데 생각보다 쉽게 부서졌다. 에디슨은 직원들로 하여금 그것을 두세 시간씩 다지게 했다. 이번에는 필라멘트를 꼭 만들 수 있을 것 같았다. 몇 시간을 그렇게 다져 놓고 보니 0.2 밀리미터 정도 되는 가는 실이 만들어졌다.

연구소 직원들은 모두 탄소 필라멘트를 만드는 일에 매달렸다. 그렇게 하여 일주일 만에 필라멘트 세 개를 만들어 낼 수 있었다. 그것으로 실험용 전구 세 개를 만들었다.

에디슨은 그것으로 실험을 해 보았다. 처음으로 두 시간 정도 빛을 냈다. 그을음과 섞은 탄소가 필라멘트로 적당하다는 확신을 얻었다.

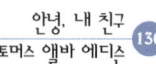

일주일 동안 쉬지 않고 이어진 실험 때문에 직원들은 모두 지쳤다. 프랜시스가 만지던 펌프에서 수은 덩어리가 쏟아져 직원들의 이가 못쓰게 되는 사고도 발생했다. 어떤 직원은 하얀 콩을 입에 물고 있다가 이가 빠질 것 같다며 그것을 뱉어냈다. 지치고 피곤한 직원들에게 웃음을 주기 위한 장난이었다.

그런데 에디슨은 직원들의 이가 흔들리는 현상을 그대로 둘 수가 없었다. 그들에게 도움을 주고 싶었다. 그래서 에디슨은 수은의 독을 약하게 만드는 양치질액을 만들어 직원들에게 나눠 주었다. 에디슨이 해결하지 못하는 문제는 거의 없었다.

어둠을 몰아내다

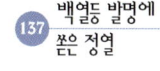

1879년 10월은 역사적인 날이다. 에디슨의 백열 전등이 탄생한 날이기 때문이다.

10월 18일, 에디슨은 가는 필라멘트를 불에 태웠다. 그리고 그것을 전구 속에 집어넣어 공기를 빼냈다. 마지막으로 전구를 막았다. 전구가 얼마나 빛을 낼지 실험이 시작된 것이다.

전구 속에 전기를 넣자 가는 필라멘트에 불이 들어왔다. 에디슨은 프랜시스와 함께 전구가 언제까지 빛을 밝힐지 지켜보았다. 두 시간 정도 빛이 지속된 적은 있었기 때문에 그 이상 밝혀지기를 바랐다.

빛이 깜박거리기 시작하면 전구는 더 이상 사용할 수 없게 된다. 그런데 두 시간이 지나도 밝은 빛은 계속 이어졌다. 아침이 되어도

에디슨이 서른두 살 때 발명한 전구

전구는 꺼질 줄 몰랐다.

다음 날 다른 직원들이 전구를 지켜보기로 했다. 그 날도 24시간 동안 계속 켜져 있었다. 시간이 지날수록 백열 전등을 발명하는 꿈은 현실이 되는 것이었다. 직원들 모두는 희망에 부풀 수밖에 없었다.

18일날 켜놓은 전구는 20일에도 계속 빛을 냈다. 에디슨은 빛나는 전구를 바라보며 마음껏 기뻐했다. 전구의 불빛은 21일 오후 1시에서 2시 사이에 꺼졌다. 꼬박 이틀 넘게 켜져 있었던 것이다. 그 동안 만들어진 전구 중에서 가장 오래 빛을 낸 것이다.

연구소 직원들은 둘러앉아 기쁨을 함께 나눴다. 세상은 21일까지 불빛을 발한 에디슨의 발명에 감사하는 뜻으로 이 날을 '에디슨 전구의 날' 이라 부른다.

에디슨은 직원들과 다짐을 했다. 다음에는 100시간 동안 켜지는 전구를 만들자고.

에디슨은 두꺼운 종이를 말발굽처럼 오려 필라멘트를 만든 다음 전구에 집어넣었다. 이것은 170시간 동안 빛을 냈다. 드디어 세상을 환하게 밝힐 전구의 발명이 눈앞에 다가온 것이다.

에디슨에게 돈을 투자한 사람들은 그가 백열 전등을 발명했다는 사실을 알고 있었다. 그들은 백열 전등을 특허내 하루 빨리 사용되기를 바랐다. 그래야 돈을 벌어들일 수 있으니까. 그러나 에디슨은 그들의 요구에 별로 귀기울이지 않았다. 그것이 불만스러운 투자가들은 에디슨이 백열 전등을 발명하는 데 15개월이나 걸렸다며 흉을 보았다. 다른 발명가들은 60년 동안 매달려도 백열 전등을 발명하지 못했다는 사실을 잊은 듯이.

에디슨은 뉴욕 헤럴드에 근무하는 그의 친구 마샬 팍스 기자를 불렀다. 미술 기자 한 명과 함께 오라고 했다. 그가 백열 전등을 발명했다는 것을 신문에 실을 생각이었다. 그 동안 자신을 비난해 온 신문들에 맞서 적절한 시기에 정확한 기사를 통해 그의 발명을 밝힐 생각이었다. 다른 신문에는 실을 생각이 없었다. 뉴욕 헤럴드 하나면 충분하다고 생각한 것이다.

마샬 팍스와 미술 기자는 두 주 동안 에디슨의 연구소에 머물렀다. 그들은 에디슨과 그의 직원들의 적극적인 협조 아래 완벽한 취재를 했다. 그들은 과학 분야에서는 가장 중요한 기사 하나를 취재한 것이다.

에디슨은 마샬 팍스에게 한 가지 약속을 지켜 달라고 부탁했다. 그가 보도해도 좋다고 할 때까지 기다려 달라는 것이었다.

그런데 마샬 팍스는 그 약속을 지키지 않았다. 백열 전등 발명이라는 사실을 세상에 알려 돈을 벌고 싶었던 투자가가 신문사를 통해 보도하도록 한 것 같았다.

생각보다 빨리 신문에 밝혀지면서 에디슨은 바빠졌다. 에디슨은 그 해 12월 31일 멘로파크를 전깃불로 환하게 밝히겠다고 인터뷰에서 이야기했던 것이다.

그 준비로 연구소는 바쁘게 돌아갔다. 직원들은 밤낮없이 필라멘트를 집어넣어 전구를 만들었다. 그리고 그것을 길가에 매달았으며 연구소, 도서실, 기계실, 직원들 기숙사에 전선을 설치해 전구를 내걸었다.

신문을 보고 찾아온 사람들로 행사가 시작되기도 전에 멘로파크는 북적거렸다. 백열 전등이 환하게 밝혀진 모습을 보고 싶은 사람들이었다. 너무 많은 사람들이 몰려든 바람에 철도 회사는 열차를 더 운행해야만 했다.

마침내 1879년 12월 31일이 되었다. 어둠이 짙게 내려앉은 밤이었다. 그런데 갑자기 세상이 밝아졌다. 에디슨이 곳곳에 백열 전등을 밝힌 것이다. 사람들은 저마다 감탄을 했다.

"믿을 수가 없어!"

"우와! 굉장해."

밤이 이렇게 밝을 수 있다니! 사람들은 자신들 앞에 벌어지고 있는 일이 꿈만 같았다.

에디슨과 그의 직원들은 쏟아지는 질문에 대답을 하느라 정신이 없었다. 전기의 장치에 대해 여러 차례 설명을 했다. 그리고 물 속에서도 전구가 꺼지지 않는다는 실험을 해 보였다. 전기를 켰다 껐다를 반복해도 필라멘트가 끊어지지 않는다는 것도 보여 주었다. 사람들을 놀라게 한 것은 전기를 이용한 톱으로 나무까지 자를 수

있다는 점이었다. 이것은 전기를 이용해 세상을 밝게 하는 것 말고도 다른 여러 가지 일을 할 수 있다는 것을 보여 주었다. 사람들은 그 때서야 에디슨이 얼마나 위대한 발명가인지 알았다.

대부분의 사람들은 얌전히 전등을 살펴보았다. 그러나 그 중에는 만지지 말라는 기계를 만지는 사람도 있었고, 귀중한 수은 펌프를 망가뜨린 사람도 있었다. 전구를 훔쳐 간 사람도 나왔다.

이 날 이후 에디슨의 백열 전등은 세계 8대 불가사의 중 하나로 기록되었다. 세계를 놀라게 한 여덟 가지 중 하나가 된 것이다.

백열 전등에 놀란 사람들은 에디슨을 보고도 놀랐다. 서른두 살의 젊은이인 에디슨. 그는 정장 대신 낡은 작업복 차림이었다. 외모 따위엔 전혀 관심 없는 데다 눈빛이 반짝반짝 빛나는 그에게선 다가갈 수 없는 힘이 느껴졌다. 사람들은 그런 에디슨이기에 백열 전등과 같은 위대한 발명을 했으리라 생각하게 되었다.

행사가 끝나가는 그 날 밤, 에디슨은 전기가 사람의 생활을 엄청

잠깐 상식

전기는 집집마다 어떻게 공급될까?

저수지와 같은 발전소에서 만들어진 전기는 전압이 154,000볼트로 바뀌어 송전 철탑을 타고 도시 근처의 변전소로 간다. 거기서 다시 수천 볼트의 전기로 전압이 바뀌어 동네의 전봇대로 흘러간다. 그 전봇대의 변압기에서 110볼트 또는 220볼트로 바뀌어 집집마다 공급이 된다.

나게 변화시키리라 짐작했다. 청소를 하고 빨래를 하는 것도 전기로 가능할 것이었다. 잔디를 깎는 기계도 전기로 돌릴 수 있을 것이었다. 그뿐만이 아니었다. 머지않아 전기가 없으면 사람들은 살 수 없다고 아우성칠 시대가 올 것이었다. 그렇게 생각하고 나니 에디슨은 자신이 얼마나 위대한 일을 해냈는지 실감이 났다. 스스로 생각해도 자신이 대견스러웠다.

 1879년의 마지막 날에 벌어진 잔치가 서서히 끝나가고 있었다. 그러나 사람들은 흩어질 줄 몰랐다. 새 세상을 열어 준 전깃불 아래 오래 머물고 싶었던 것이다.

 에디슨은 백열 전등을 발명한 것이 가장 힘들었다고 말한 적이 있다. 그에게 백열 전등의 발명은 무척 어려운 일이었다. 만들어 내는 과정도 벅찼지만 사람들로부터 쏟아지는 비난을 받아들이기도 힘이 들었다. 그러나 백열 전등의 발명을 끝낸 에디슨은 이제 막 작은 산 하나를 넘은 것에 불과했다. 전등을 밝히려면 필요한 것들을 발명해야 했다. 플러그, 스위치, 퓨즈, 소켓과 같은 물건들 말이다. 플러그는 전기가 들어올 수 있게 꼽는 장치를 말하고, 스위치는 전기를 켰다 껐다 할 수 있게 하는 물건이다. 그리고 퓨즈는 전기가 필요 이상으로 흐를 때 그것을 못하게 막아 주는 역할을 한다. 또 소켓은 전구를 끼워 전기가 통할 수 있게 하는 기구이다. 거기다 전기를 적게 나누어 보내서 집집마다 사용할 수 있게 하는 방법도 생각해야 했다. 이런 것들에 대한 발명은 모두 에디슨이 해야 할 일이었다.

1881년 에디슨은 전등을 실제로 사용할 수 있게 하는 데 온 마음을 쏟았다. 그리하여 에디슨은 뉴욕으로 이사를 가기로 결정했다. 직원 몇 명은 멘로파크에 남겨 두었다.

에디슨은 뉴욕에 큰 공장을 세웠다. 그리고 새로운 발전기를 만드는 일부터 시작했다. 에디슨은 은행이 모여 있는 뉴욕 시내에 큰 발전기 여섯 대를 설치하고 전선을 끌어다 전등을 켜려고 생각했던 것이다. 에디슨이 계획한 이 일은 어느 누구도 한 적이 없는 엄청난 것이었다. 전등을 실제로 사용할 수 있게 하겠다는 그의 계획이 현실이 되는 순간이었다.

에디슨은 뉴욕 시내 몇 군데에 전깃불을 밝히기로 했다. 그래서 땅을 파고 전선을 묻는 큰 공사를 시작했다. 에디슨은 땅 속으로 내려가 공사가 잘 되고 있는지 꼼꼼하게 살펴보았다.

전기와 관계 있는 것들을 발명하는 짬짬이 작은 축음기가 들어 있는 말하는 인형을 만드는 일도 했다. 기찻길을 5킬로미터쯤 깔아 전기로 움직이는 기차를 재미삼아 연구하기도 했다. 에디슨은 역시 대단한 정열을 갖고 있었다.

또 에디슨은 그 동안 사용한 필라멘트보다 대나무를 이용하면 전구의 수명이 더 오래 간다는 사실을 알아내고 아시아나 아프리카, 남아메리카 등지로 직원들을 내보냈다. 일본에 있는 대나무를 구해 와 10년 간 썼다. 그러다가 대나무보다 더 좋은 섬유소를 식물에서 찾아내 대나무 대신 사용했다.

1880년대를 맞이한 에디슨은 눈코 뜰 새 없이 바쁘게 살았다. 그 결과 아주 짧은 시간 동안 전기와 관련 있는 발명을 360여 가지나 해 특허를 냈다.

1881년 프랑스 파리에서는 '전기 박람회'가 열렸다. 에디슨은 너무 바빠 갈 수가 없었다. 대신에 큰 전시장을 밝힐 수 있는, 27톤이나 되는 발전기와 500개의 전등 따위를 보냈다. 에디슨의 머리에서 나온 이 조명은 다른 경쟁자들 것보다 훨씬 뛰어나 최고의 상을 받았다.

에디슨은 백열 전등의 발명 때문에 수많은 비난을 받아왔다. 그

잠깐 상식

110볼트와 220볼트의 차이는 무엇일까?

전기를 나타낼 때는 볼트(전압)와 암페어(전류)라는 단위를 사용한다. 여기서 볼트란 사람의 키에 해당하고, 암페어는 근육의 힘에 해당한다고 볼 수 있다. 예를 들어 높은 나뭇가지에 달려 있는 열매를 딴다고 할 때 아무리 힘(암페어)이 세도 키(볼트)가 작으면 안 되고, 키가 커도 그 열매를 딸 수 있는 힘이 없으면 안 되는 것이다. 볼트와 암페어가 서로 조화를 이루어야 전기가 부드럽고 편안하게 공급이 된다.

따라서 110볼트는 220볼트보다 전기의 크기가 작다. 이 이야기는 220볼트가 110볼트보다 전기의 효율성이 좋다는 말이다. 하지만 220볼트가 에너지가 크기 때문에 전선이 낡았거나 아무 전선이나 사용했을 경우 불이 날 위험이 더 크다.

우리 나라는 110볼트만 사용하다 에너지 절약을 위해 220볼트로 바꾸어 사용하고 있다. 그러나 아직도 110볼트의 가전 제품이 많아 두 가지 볼트가 같이 쓰이고 있다. 일본은 현재 100볼트, 미국은 120볼트, 영국은 240볼트, 북한은 220볼트를 사용하고 있다.

래서 자신이 큰 상을 받는다는 사실이 믿기지 않았다. 에디슨을 미워했던 사람 중에는 축하의 말을 건네 오는 사람도 있었고, 그 동안 미안했다고 사과를 해 오는 사람도 있었다.

1882년 9월 4일. 이 날은 뉴욕 시내에 큰 발전기를 설치하는 날이었다. 오랫동안 해 온 공사가 끝이 나 이제 불을 밝히게 된 것이다. 은행이 모여 있는 건물들에 불이 밝혀졌다. 빛의 시대가 열리는 순간이었다.

기념할 만한 이 날을 위해 브로드웨이에서는 전기를 이용한 행진이 마련되었다. 참가자들은 모두 모자 위에 전기로 빛을 내는 유리공을 올려놓고 걸어갔다. 어둠 속에서 더욱 빛이 나는 전기 때문에 전기의 물결이 시내를 따라 이어졌다.

하지만 이 때까지만 해도 보통 사람들은 전기 사용을 꺼렸다. 사람들은 백열 전등이 가스등보다 좋다는 것을 인정하면서도 자기네 집에서 사용하는 것은 반대했다. 왜냐 하면 전구 한 개가 1달러나 되었기 때문이다. 이 때 당시 1달러는 적은 돈이 아니었다. 그리고 백열 전등은 전기가 새어 불이 나는 일이 잦아 사람들은 불안해서 그것을 사용할 수 없었던 것이다.

그러나 백열 전등을 발명한 에디슨은 신문을 통해 세상에 알려져 유명해졌다. 미국뿐만 아니라 세계 각국에서 그에게 편지를 보내 왔다. 투자가들은 돈을 내고 에디슨의 특허권을 빌려 갔다. 에디슨을 중심으로 많은 회사가 생겨났다. 제 정신이 아닐 정도로 회사와 공장은 바쁘게 돌아갔다.

재미있는 발명 이야기

우리 나라는 언제부터 에디슨 전기 회사의 전등을 밝혔을까?

1887년 우리 나라에서도 에디슨 전기 회사의 전등을 밝혔는데, 조선 시대로 고종 임금 때였다. 물론 전등이 밝혀진 곳은 궁궐이었다.

미국에 건너 갔던 사절단이 고종 임금에게 미국에서 보고 온 것을 이야기했다. 그들은 미국의 앞선 문물을 보러 갔던 사람들이다. 그들의 이야기를 들은 고종은 3개월 뒤 미국에 전등을 켜기 위한 시설 전부를 주문했다. 조선으로부터 전등을 설치하기로 주문받은 회사는 에디슨 전기 회사였다.

이 때가 1884년이었다. 전등이 밝혀진 해가 1887년이었으니까 3년이 지난 뒤였다. 주문을 한 1884년에 갑신정변이 일어나자 전등 설치에 관한 모든 것을 중지했기 때문에 3년이나 늦어진 것이다.

1886년 12월 전기 시설물들이 인천항에 도착해 3개월 뒤인 1887년 3월 경복궁에 드디어 전등불이 켜졌다. 발전 시설은 경복궁 후원인 향원정(연못) 가까이에 설치했다. 지금 향원정에는 발전소가 세워졌던 곳이라는 비석이 서 있다.

경복궁에 세워진 발전 시설로 16촉광의 전등을 750개 정도 밝힐 수 있었다. 이 전등들은 고종이 나라 일을 보던 건청궁을 포함해 잠을 자는 곳, 그리고 왕비가 머무는 곳 등에 밝혀졌다.

그런데 발전소에서 증기 기관을 식히기 위한 물을 향원정에서 끌어다 쓴 것이 문제가 되었다. 발전소에서 데워진 물이 향원정으로 버려졌는데 이 뜨거운 물 때문에 연못에 살던 물고기들이 죽어 버린 것이었다. 궁궐에서 생명이 죽어간다는 것은 나쁜 일이 일어날 조짐에 속했다. 당시에는 진짜 나쁜 일이 일어나지 않더라도 그렇게 생각했었다.

그뿐만이 아니었다. 발전기가 덜덜덜 시끄러운 소리를 내고, 발전기를 계속 움직이기 위해서는 일본에서 석탄을 수입해야 했다. 그 돈이 꽤 많이 들어갔다. 거기다가 이런 시설을 관리할 만한 기술자가 없어 외국에서 데려와야 했다. 여기에 들어가는 돈도 만만치 않았다. 사람들은 고장도 잦고, 돈도 많이 들고, 시끄럽기까지 하다며 이 전등을 '건달불'이라 불렀다. 하는 일 없이 뒹구는 사람을 건달이라 부르는 데 빗댄 말이었다.

전등이 문제가 많은 물건이라는 말이 나돌자 신하들이 가만히 있지 않았다. 상소문이 빗발치듯 올라왔다. 그 중에는 '종두법'을 발견한 지석영의 상소문도 있었다. '전등을 궁궐에 달아 한 시각을 밝히는 데 많은 돈이 들어가니 반성해야 한다.'는 내용이었다. 지석영이 바라는 것은 전등 시설을 없애는 것이었다고 한다.

하지만 고종 임금은 여기에 굴복하지 않았다. 전등 시설을 더 늘려갔다. 1890년에 전등 시설을 늘리려 했다. 그 결과가 1894년 창덕궁에 세워진 제2 전등소(발전소)이다.

이 전등소의 발전량은 경복궁 것보다 3배 정도 커서 16촉광 약 2,000개를 밝힐 수 있었다.

그렇다면 왜 고종 임금은 신하들의 반대에도 불구하고 전등 시설을 늘렸을까? 거기엔 여러 가지 이유가 있다. 고종은 외국 문물에 대한 많은 정보를 가지고 있어 전기가 아주 편리하다는 생각을 일찍부터 했다. 그리고 외국 문물을 적극적으로 받아들이는 임금으로 비쳐지기를 바랐다.

그뿐만이 아니라 근대화를 이끌어가는 임금으로서 전등 시설을 통해 자신의 의지를 드러내고 싶어했다.

또 고종은 밤에 나라 일을 처리하는 습관이 있어 누구보다도 밝은 밤을 좋아했던 것이다. 그러려면 전등은 더없이 좋은 시설이었다.

이런 여러 가지 이유 말고 또 다른 이유가 한 가지 더 있다. 고종 임금 시절 임오군란이나 갑신정변과 같은 일이 벌어졌다. 이런 사건은 임금에게는 커다란 시련이었다.

따라서 고종 임금에게는 어두운 밤에 어떤 일이 일어날 것에 대한 두려움이 있었다. 실제 고종은 이런 사건들에 대비해 늘 피난 갈 준비를 해 두었다고 한다. 그리고 전등을 많이 켜서 새벽까지 환하게 밝혀야 안심을 했다고 한다. 이런 여러 이유로 우리 나라가 일본이나 중국보다 앞서 전등 시설을 갖추었던 것이다.

에디슨, 비난받다

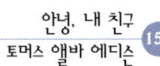

　백열 전등의 발명으로 유명인이 된 에디슨. 그는 발명가로, 사업가로 눈부신 활동을 하고 있었다.

　그는 뉴욕에서 벌써 몇 년째 바쁘게 살았다. 백열 전등의 발명은 그를 더욱 바쁘게 했다. 그러나 에디슨은 한가하게 발명에만 신경 쓰며 살고 싶었다. 실험 기구나 약품이 잘 갖춰진 연구실과 연구에만 매달릴 수 있는 시간이 그에게는 필요했다. 발명하는 것은 잠시 쉬고 사업가로서 살겠다고 말했지만 그를 행복하게 해 주는 것은 발명이었다.

　발명왕·멘로파크의 마술사. 에디슨의 이름 앞에 붙는 칭찬의 말들이다. 그런데 에디슨은 우리가 알고 있듯이 훌륭하기만 한 사람이었을까? 그는 잘못한 일이 없었을까? 다른 사람을 미워한 적도 없었을까? 그가 만든 발명품 중에는 사회에 나쁜 영향을 미친 것은 없었을까? 에디슨을 나쁜 사람으로 만들 생각은 없다. 하지만 그에게도 문제점은 있지 않았을까?

그랬다. 에디슨도 다른 사람을 미워한 적이 있었고, 일부러 타인을 곤경에 빠뜨린 적도 있었다. 그리고 사회에 나쁜 영향을 끼치는 발명도 했다.

에디슨이 발명한 백열 전등은 가정에 전류를 보낼 때 110볼트의 직류 송전 방식을 사용했다. 이 방식은 낮은 전압과 전선의 저항 때문에 많은 양의 전류가 그냥 버려졌다. 따라서 발전소에서 2, 3마일 밖에까지는 전기를 제대로 보낼 수가 없었다. 곧 3천 미터에서 약 5천 미터 사이를 벗어나면 더 이상 전기를 공급할 수 없다는 말이 된다.

그러는 중에 웨스팅하우스라는 사람이 이 사업에 뛰어들었다. 이 사람은 달리는 기차를 세우는 장치를 만들어 낸 발명가였다. 그는 에디슨의 직류 송전 방식의 문제를 해결하려 했다. 그는 변압기를 이용해 원하는 곳에서 원하는 비율로 전압을 바꿔 주는 교류 송전 방식으로 전력의 손실을 막으려 했다.

1881년에는 프랑스 사람과 영국 사람이 교류 송전 방식에 맞는 변압기를 발명해 특허를 냈었다. 1885년 웨스팅하우스는 이 특허를 사들여 전기 회사를 차렸다. 그리고 먼 거리에까지 전기를 공급하는 일을 시작했다. 발전소에서 전기를 보낼 때는 전압을 크게 하여 중간에 버려지는 전력을 줄였다. 또 전력을 공급 받는 곳에서는

전압을 낮추어 안전하게 받도록 했다. 따라서 불이 날 위험도 없어졌다. 오늘날 우리가 사용하는 것도 이 교류 송전 방식이다.

웨스팅하우스는 1886년 3월 6,400미터가 넘는 거리까지 전기를 보내는 데 성공했다. 그 해 추수 감사절에는 이 방식으로 버팔로 시 곳곳에 수많은 전등을 켜 찬사를 받았다. 하지만 교류 송전 방식에도 문제는 있었다. 효율적으로 교류를 시켜 주는 기계가 없었던 것이다. 이 때문에 전기 일에 종사하는 사람들과 학자들 사이에 교류 방식이 좋은지, 직류 방식이 좋은지를 놓고 의견이 엇갈리곤 했다.

그러는 중에 1888년, 효율적으로 교류를 시켜 주는 기계를 만든 사람이 나타났다. 테슬라라는 사람으로 한때 에디슨의 연구소에서 일한 적이 있었다. 그가 발명한 이 기계 덕분에 교류 송전 방식은 좋은 조건에 놓이게 되었다.

웨스팅하우스는 테슬라가 발명한 기계의 특허를 사들였다. 그리고 대도시에 알맞는 교류 전력망을 설계해 사업을 키워 나갔다.

상황이 바뀌자 이 사업에 먼저 뛰어든 에디슨은 가만히 있을 수 없었다. 자신이 발명한 직류 송전 방식은 안전하고, 교류 송전 방식은 위험하다며 선전을 해댔다. 기술로는 이길 수 없자 상대방의 것은 무조건 나쁘다고 비방을 한 것이다. 에디슨은 비방의 강도를 높였다. 그의 연구소에 기자와 전기 관계자들을 초청해 실험을 해보였다. 개와 고양이를 잡아다가 교류 송전 방식으로 그것들을 태워 죽이는 끔찍한 실험을 한 것이다. 상대방의 전류 방식이 얼마나 끔찍한 일을 불러 오는지 보여 주려 한 에디슨의 계산이 깔린 실험이었다. 이 실험 때문에 근처의 개와 고양이 수가 크게 줄어들었다고 한다.

에디슨의 신사답지 못한 행동은 여기서 그치지 않았다. 그는 뉴욕 주가 교도소에서 사형을 시킬 때 사용하는 방법을 바꾸려 한다는 것을 알았다. 목을 매달아 죽이는 대신 새 방법을 찾고 있었던 것이다. 에디슨은 이 기회를 놓치지 않았다. 그는 서둘러 고압의 교류를 쓰는 전기 의자를 발명했다. 그리고 아는 사람을 통해 이 전기 의자를 사형용으로 사용하도록 압력을 넣었다. 결국 에디슨의 뜻대로 그의 전기 의자는 사형대가 되었다.

에디슨은 웨스팅하우스의 전기 회사가 만든 교류 발전기를 교도소에서 이용하도록 했다. 그 뒤 에디슨은 교류 송전 방식이 얼마나

> ### 잠깐 상식
>
> #### 발명과 발견의 차이는 무엇일까?
>
> 생활하는 데 가치가 있는 것으로 아직까지 없었던 새로운 기계나 물건을 만들어 내는 것을 발명이라고 한다. 새로운 창작이 여기에 속한다. 텔레비전, 라디오, 전화기, 컴퓨터와 같은 것이 발명의 좋은 예이다.
> 다른 사람이 아직 찾아내지 못한 사물이나 세상에 알려지지 않은 것을 먼저 찾아낸 것을 발견이라 한다. 아인슈타인의 '상대성 이론'이나 물 위에 뜨는 '부력'과 같은 것이 발견에 속하는 좋은 예이다.

위험한 방식인지 여기저기 알리고 다녔다.

그러나 결과는 에디슨의 뜻대로 되지 않았다. 교류 송전 방식의 전기 사업은 날로 번창했던 것이다. 거기다가 1893년 시카고 만국 박람회에 웨스팅하우스의 전기 회사가 참가하게 되었다. 에디슨의 회사를 제치고 말이다. 웨스팅하우스는 이 행사에 25만 개의 전등을 밝혔다. 이 박람회에 참가한 미국 대통령이 스위치를 누르자 교류 발전기가 돌아가면서 행사장은 대낮처럼 환해졌다. 이 장면은 많은 사람들에게 강한 인상을 주었다.

또한 미국의 나이아가라 폭포에 세계 최초의 수력 발전소를 건설하는 공사에도 웨스팅하우스의 회사가 참가하게 되었다. 버팔로 시에도 교류 송전 방식의 전원이 공급되었다.

이러한 일들로 인해 직류 송전 방식과 교류 송전 방식을 놓고 벌어진 싸움은 교류 송전 방식의 승리로 끝이 났다. 에디슨이 완전히 지고 만 것이다. 그는 이 일로 나쁜 사람이라는 평가도 달게 받아야 했다.

오늘날에도 전세계의 가정 곳곳에 교류 전류가 흘러들어가고 있다.

에디슨에게는 불행한 일이 없었을까? 물론 아니다. 성공한 만큼 불행한 일이 있었다. 발명은 결과였지만 그 발명을 하기까지의 과정에 기쁨만 있는 건 아니었다. 수천 번 반복해서 실험하는 고통의 시간이었고, 그만 포기하고 싶은 유혹이 계속되는 순간이었다. 따라서 수많은 발명을 한 꼭 그만큼의 고통을 겪었다. 기쁨이 함께 한 고통이었지만 말이다.

그 밖에도 에디슨에게는 여러 가지 불행한 일이 있었다. 어린 시절 귀를 다쳐 잘 듣지 못했고, 발명에 매달리다 큰 병에 걸리기도 했다. 집과 연구소에 몇 차례 불이 나 곤란한 처지에 놓이기도 했고, 그의 발명 서류를 훔쳐간 변호사 때문에 애를 먹은 적도 있었다. 특허 때문에 30년 동안 법원에 들락거리기도 했다.

서른일곱 살이 된 에디슨. 그가 가장 불행하다고 느낀 것은 언제

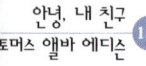

재미있는 발명 이야기

특허를 내지 않고 누구나 사용할 수 있게 한 발명품으로는 어떤 것이 있을까?

에디슨의 발명품 데시미터와 엑스선 현미경은 특허를 내지 않은 것들이다. 이 말은 누구나 대가를 치르지 않고도 사용할 수 있다는 이야기이다.

이처럼 누구나 사용할 수 있게 특허를 내지 않은 발명품에는 어떤 것들이 있을까?

근대적인 사진기를 발명한 사람은 다게르(1787~1851)이다. 그는 필름에 사진 찍은 것을 현상하고 인화하는 사진 기술도 발명했다. 그는 물리학자이던 아라고에게 자신이 발명한 것을 어떻게 했으면 좋겠냐고 물었다. 아라고는 많은 사람들이 자유롭게 사진을 찍고, 사진기도 더 좋게 발전시키기 위해서는 특허를 내지 않는 게 좋겠다고 했다. 대신에 다게르와 그의 후손들에게는 나라에서 연금을 주는 방법이 어떻겠냐고 했다. 다게르는 이 의견을 받아들여 1839년 프랑스 과학 아카데미와 예술원 회의에서 자신의 사진 기술을 공개했다. 그 뒤 많은 사람들이 사진 기법을 연구하고, 사진기에 대한 관심도 높아지면서 이 분야의 발전 속도도 빨라졌다.

뢴트겐(1845~1923)은 병원에서 사용하는 'X선'의 발견자이다. 1895년 11월 8일 독일의

였을까? 아마도 그의 아내 마리가 죽었을 때일 것이다. 마리는 젊은 나이에 장티푸스에 걸려 세상을 떠났다. 열한 살, 여덟 살, 여섯 살난 세 아이를 남겨 두고서. 에디슨은 깊은 슬픔에 빠졌다.

에디슨은 아내가 떠나고 없는 곳에서 살고 싶지 않았다. 그래서 연구소 문을 닫았다.

에디슨이 아내를 잃은 슬픔에서 벗어나는 길은 열심히 발명을 하는 것이었다. 날마다 스무 시간을 일하며 지냈다. 다른 사람들이

뷔르츠부르크 대학의 교수이던 그는 검은 종이를 꿰뚫는 신비한 광선을 우연히 발견했다. 이 광선의 성질을 계속 연구하여 12월 22일에는 아내의 손뼈를 찍기도 했다. 그는 이 알 수 없는 광선을 'X선'이라 이름짓고 이 사실을 세상에 알렸다. 물리학계와 의학계뿐만 아니라 세계 각국의 언론에서는 이 발견에 큰 박수를 보냈다.

이로써 그는 노벨 물리학상의 첫번째 수상자가 되었고 X선의 발견은 과학의 다른 분야의 발전에도 큰 역할을 했다. X선이 여러 곳에서 관심의 초점이 되고 있을 때 독일의 가장 큰 전기 회사 사장이 그를 찾아왔다. X선이 의학에서 중요한 역할을 할 것이니 X선의 특허권을 자신의 회사에 넘기라고 했다. 그것도 특허권만 넘겨 준다면 원하는 돈은 얼마든지 주겠다고 했다. 그러자 그는 고개를 저으며 이렇게 말했다.

"X선을 특허로 낸다니 그게 무슨 말이오? X선을 혼자서 독차지하겠다는 말이오? X선은 내가 발명한 것이 아니라 원래 있던 것을 내가 발견했을 뿐이오. 그러니 온 인류의 것이 되어야 마땅하오."

그는 자신이 만들어 낸 X선 발생 장치는 누구나 이용할 수 있기를 바랐다. 그리고 많은 사람들이 보다 더 좋게 만들어 사용하기를 바랐다고 한다.

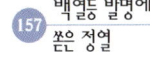

2, 3년 동안 할 일을 그는 1년에 끝냈다. 그야말로 일벌레였다.

눈에서 멀어지면 기억 속에서도 멀어진다고 했던가. 아내 마리가 죽은 지 2년이 지나 에디슨은 새로운 사랑에 빠졌다. 그가 사랑한 여인은 미너였다. 미너는 에디슨과 같은 발명가의 딸이었다.

두 사람은 결혼을 해 뉴저지 주의 웨스트 오렌지로 이사를 했다. 그리고 그 곳에 연구소를 새로 지었다. 멘로파크에 있던 실험실보다 10배나 큰 3층 건물이었다. 그 곳에는 커다란 도서실과 사무실, 실험실 따위가 있었다. 도서실에는 수천 권의 책이 꽂혀 있었다. 이 연구소에는 60명 정도의 사람들이 일을 했다. 에디슨은 이 곳에서 실험과 연구를 하며 평생 살기로 마음 먹었다.

에디슨과 미너 사이에서 세 명의 아이가 더 태어났다. 미들레느, 찰스, 디오도가 그들이다. 에디슨은 이로써 여섯 명의 아이들 아버지가 된 것이다.

여섯 명의 아이들과 에디슨 부부. 아내를 한 번 잃은 적이 있는 에디슨은 가족의 소중함을 더욱 절실하게 느꼈다. 그래서 바쁜 중에도 가족과 함께 지내는 시간을 가지려 애썼다.

에디슨은 따뜻한 지방 플로리다 주에 별장을 마련했다. 그래서 추운 겨울이 오면 이 지방으로 옮겨 살았다. 에디슨은 아이들과 한데 뒤엉켜 뛰놀곤 했다. 그리고 아내 미너가 좋아하는 꽃들을 심어 그녀를 기쁘게 해 주었다. 에디슨은 이 곳에도 실험실을 지어 연구하는 걸 게을리 하지 않았다.

영상 시대를 예고하다

　1887년 에디슨은 축음기 실험을 다시 시작했다. 처음 축음기를 발명한 지 꼭 10년이 되는 해였다. 그 동안 처음 발명한 상태대로 두었던 것이다. 그런데 어떤 사람이 에디슨이 만든 축음기를 본떠 상품으로 만들어 팔려고 했던 것이다. 그 사실을 알게 된 에디슨이 더 좋은 축음기를 만들 생각을 한 것이다.

　에디슨은 축음기 만드는 일에 1년쯤 매달렸다. 그 결과 주석막을 두른 원통 대신에 납을 사용한 레코드를 만들 수 있었다. 그리고 그것과 똑같은 레코드를 몇 장이라도 만들 수 있는 장치를 만들었다. 사용하기에도 편하고 몇 가지 기능도 더 생긴 것이다. 또 레코드가 돌아가게 얹어 놓는 바늘이 가볍게 뜰 수 있게 하는 법도 발명했다.

그 뒤 전파를 이용해 '휴대 전신기'를 만들었다. 전선이 없어도 전신문을 보낼 수 있게 된 것이다. 이것은 가지고 다닐 수 있는 것으로 달리는 기차나 바다 위의 배 안에서도 전하고자 하는 내용을 띄워 보낼 수 있었다. 이 기계의 발명으로 기차나 배에서 발생할 수 있는 사고가 많이 줄었다. 이것은 그가 전파를 발견하지 못했다면 발명할 수 없는 것이었다.

에디슨은 '휴대 전신기'의 특허를 친구인 마르코에게 싼값에 팔았다.

마르코는 에디슨의 도움에 힘입어 선을 사용하지 않는 무선 전신 부분에서 최고가 될 수 있었다. 이 때문에 사람들은 무선 전신기를 마르코가 발명한 것으로 알고 있다. 에디슨이 발명했는데도 말이다.

과학 발전에 보탬이 된 에디슨 효과와 전파의 발견. 과학자로서 에디슨을 느끼게 하는 발견들이다.

에디슨은 확실히 앞서가는 사람이었다. 미국의 할리우드 영화사에서 목소리가 나오는 영화를 만들기 50년 전에 에디슨은 이미 그것을 실험하고 있었다. 그러니까 사람들이 영화에 대해 생각조차 하지 못하고 있을 때 그는 발명할 생각을 했던 것이다. 그가 발명한 축음기가 그런 상상력을 자극했다. 축음기를 필름이 돌아가는 영사기와 연결하면 사람의 동작이나 목소리가 그대로 보이고 들릴 수 있을 것 같았다. 오래 전에 죽은 사람의 목소리나 모습도 필름을 통해 볼 수 있게 되는 것이다.

사람의 눈동자는 다른 상이 맺힐 때까지 그 이전에 맺힌 상이 남아 있다. 에디슨은 그 사실을 알고 있었다. 그래서 화면에 사진을 연달아서 쏘면 마치 사람이 움직이는 것처럼 보일 것이었다. 연달아 쏜 사진은 연속적인 동작이니까. 거기에 생각이 미친 에디슨은

재미있는 발명 이야기

영화는 어떤 역사를 걸어왔을까?

어떤 사물이 움직이는 것을 다시 살려서 보고자 한 사람들의 꿈은 오랜 옛날부터 있어 왔다. 지금부터 2, 3만 년 전의 것으로 추정하는 스페인의 알타미라 라스코 동굴을 보면 다리가 여덟 개인 소의 벽화가 있다. 다리가 4개인 소를 8개로 표현한 것은 소가 움직이고 있다는 것을 나타내기 위해서였다. 이것은 바로 옛날부터 사람들이 움직이는 모습을 재현하고자 한 꿈을 갖고 있었다는 증거이다.

움직이는 그림을 보여 주는 기계에서 출발한 영화는 사진의 발명으로 지금과 같은 모습으로 발전했다. 1초에 24장의 멈춰진 모습을 연속적으로 보여 줘 마치 실제 움직이는 모습을 보는 듯한 느낌을 갖게 하는 지금과 같은 영화가 발명된 것은 그리 오래 되지 않았다. 1800년대 초반 프랑스의 니에프스와 다게르에 의해 사진술이 발명되면서부터이다. 그리고 1878년 미국인 마이브리지가 24장의 달리는 말을 촬영해 오늘날과 같은 기법의 영화를 만들었다.

이스트먼이 셀룰로이드를 이용한 롤 필름을 만들어 낸 데 힘입어 에디슨이 혼자서 움직임을 볼 수 있는 키네토스코프를 발명했다. 이 때가 1889년이었다.

그 뒤 1895년에 프랑스의 뤼미에르 형제가 시네마토 그래프라는 촬영기와 영사기를 발명하여 여러 사람이 볼 수 있는 영화를 만들었다. 이것이 오늘날 우리가 영화관에 가서 보는 영화의 시작이다. 따라서 지금과 같은 영화가 발명된 것은 100년이 조금 더 되었음을 알 수 있다.

분석해서 보기
에디슨은 모든 발명품에 특허를 냈을까?

에디슨은 모든 발명품에 특허를 내 돈으로 그 가치를 되돌려 받았을까? 그러지는 않았다. 온도의 변화를 예민하게 느끼는 데시미터를 발명하고도 특허를 내지 않았다. 특허를 내지 않는다는 것은 누구나 사용할 수 있다는 말이다. 그리고 병원에서 의사들이 사용하는 엑스선 현미경의 경우도 특허를 내지 않았다. 이것은 뼈나 기관에 문제가 있을 때 사용하는 기구이다. 에디슨은 특허 대신 아픈 사람들을 위해 마음대로 사용되기를 바랐던 것이다.

발명은 과학을 바탕으로 하여 무엇인가 만들어 내는 일이다. 따라서 좋은 발명가가 되려면 과학에 대해서도 잘 알고 있어야 한다. 이 말은 에디슨에게도 적용이 된다. 에디슨은 발명가였지만 과학자이기도 했다. 그는 발명에 온 정성을 쏟았지만 발명의 기본이 되는 과학에도 관심이 많았다.

실험실의 에디슨

필름을 만들었다. 그 필름을 영화 촬영기(키네마토그래프)에 넣고 사진을 찍었다. 그런 뒤 에디슨이 발명한 활동 사진 영사기(키네토스코프)에 걸어 화면에 대고 비추었다. 이로써 영화가 탄생한 것이다. 오늘날 사람들의 생활에서 없어서는 안 되는 중요한 부분이 된 영화는 이렇게 하여 세상에 첫선을 보였다.

이 때 영화는 오늘날의 영화와 달랐다. 한 사람씩 동전을 넣고 실제 모습과 똑같이 움직이는 것을 구멍을 통해 들여다보는 형식이었다. 그것도 15초 동안 말이다. 여러 사람이 의자에 앉아 화면에 뜬 영상을 보는 오늘날의 영화와는 많이 달랐다. 하지만 사람들은 에디슨이 발명한 이 영화를 보기 위해 줄을 서야 했다. 밤 늦게까지 극장 앞에 길게 줄을 서서 자기 차례가 오기를 기다렸던 것이다. 지금 보면 우스꽝스러운 광경이지만 그 때 사람들 눈에는 그것이 굉장히 신기한 물건이었을 것이다.

세계 최초의 영화 몇 개는 그의 연구소 창고에서 찍었다. 이 창고는 검은 칠을 덕지덕지 발라 '죄수 호송차' 라는 별명이 붙어 있는 건물이었다. 죄를 지은 사람들을 이동시킬 때 태우는 차처럼 을씨년스러웠던 것이다. 그런데 재미있게도 이 건물은 철길 위에서 방향을 자유롭게 바꿀 수 있도록 지어졌다. 지붕 위 쪽문을 열면 밝은 햇빛이 들어왔다. 이 건물은 영화를 찍기 위해 일부러 지은 것이다. 영화를 찍으려면 카메라가 떨려서는 안 된다. 그러면 사진이 제대로 찍히지 않고 흐릿해진다. 그것을 방지하기 위해 철길을 놓아 카메라를 든 사람이 떨리지 않고 방향을 바꿀 수 있도록 했

다.

　이 때 영화는 긴 줄거리가 있지 않았다. 화면이 아름답지도 않았다. 어떤 남자가 재채기를 하고, 어여쁜 발레리나가 빙글빙글 돌며 춤을 추기만 하면 되었다. 왜냐 하면 그것만으로도 큰 볼거리였으니까. 지금 우리가 아주 잘 만든 영화 한 편을 보고 감동하는 것보다 그 때 사람들이 구멍을 통해 15초 동안 사람이 움직이는 모습을 보는 게 더 감동적이었을 것이다.

　영화를 찍다 보면 재미있는 일도 생겼다. 한 번은 권투 영화를 만들 생각으로 몸집이 큰 권투 선수를 불렀다.

　그런데 그 선수의 상대가 될 사람이 영화를 찍으려다 말고 도망을 간 것이다. 그의 상대가 유명한 헤비급 선수라는 사실을 알고서. 영화는 현실이 아니다. 현실 같은 사실을 가짜로 만들었을 뿐이다. 그런데 상대편 선수는 현실과 가짜를 구분하지 못했던 것이다. 에디슨은 이 일이 떠오를 때마다 큰 소리로 웃곤 했다.

　우리가 아름다운 영화를 볼 수 있는 것도 에디슨과 같은 선구자가 있었기에 가능하다. 처음 발명한다는 것이 얼마나 어려운 일인가. 이미 발명한 것을 더 좋게, 더 쓸모 있게 바꾸는 것은 생각보다 쉬울 수 있다. 그러나 아무것도 없는 상태에서 새로운 것을 찾아내 발명한다는 것은 무척 힘이 든 일이다. 그 일을 에디슨이 한 것이다. 그것도 여러 가지 발명품을 통해서 말이다.

　활동 사진, 곧 영화는 1894년 4월 14일에 많은 사람들에게 첫선을 보였다. 처음 것보다 좀더 나은 기술로 만든 영화였다. 뉴욕의 브로드웨이에서 벌어진 이 잔치에서 사람들은 하나같이 깜짝 놀랐다. 자신들은 생각하지도 못한 일이 현실이 되어 그들 앞에서 벌어지고 있으니 놀랄 수밖에 없었던 것이다. 사람들은 에디슨이란 사람이 얼마나 대단한지 다시 한 번 확인했다.

그러나 영화에 대한 실험은 천천히 이루어졌다. 초기에 발명한 것들보다 시간이 많이 걸렸다. 그것은 에디슨이 백열 전등 사업에 많은 시간을 썼기 때문이다. 거기다가 돈도 넉넉하지 않고, 경쟁 회사와의 다툼도 끊이지 않아 그는 많이 지쳐 있었다.

이어 독일과 미국, 영국 등지에서 각각 새로운 영화 방식들이 발명되었다. 이렇듯 영화는 1800년대가 끝나갈 무렵에 여러 나라에서 각각 발전을 했다. 과학의 발달에 힘입어 영화도 발전할 수 있었던 것이다.

잠깐 상식

에디슨 효과란?

에디슨에 의해 세상에 알려졌다 하여 '에디슨 효과'라 이름 붙여진 것을 그는 발견했다. 에디슨 효과란 높은 온도로 데워진 금속이나 반도체에서 전자가 나오는 현상을 말한다. 열 때문에 에너지를 얻은 전자(원자를 이루고 있는 작은 알갱이)가 딱딱한 금속의 표면에서 튀어나오게 되는 것이다. 마치 물을 끓이면 김이 날아가듯이. 이 에디슨 효과의 발견 때문에 라디오에 쓰이는 진공관을 만들 수 있었다.

그는 또 전파도 발견했다. 전파란 무선 주파의 전자파를 말한다.

새로운 사업에 뛰어들다

철광 사업의 실패

1891년 에디슨은 새로운 사업에 손을 댔다. 철광을 파내는 일이었다. 오래 전부터 철의 값이 올라 그것이 중요한 물질이라는 것을 알고 있었다. 잡아당기는 성질을 가진 철은 많은 연구가 필요했다.

에디슨은 철을 구하기 위해 롱아일랜드 섬으로 갔다. 바닷가에 검은 모래가 깔려 있었다. 가까이 다가가서 보니 모래에 작은 철광석이 섞여 있었던 것이다. 에디슨이 찾던 바로 그 물질이었다. 모래 속에서 철을 골라 내려면 방법이 필요했다.

그 방법은 생각보다 쉬웠다. 끌어당기는 철의 성질을 이용해 자석으로 체를 쳐서 철과 모래를 분리하면 되었다. 철은 자석에 붙을 것이고 모래는 체에 걸리지 않고 밑으로 빠질 것이었다. 자석 쪽에는 철가루가 쌓였고, 반대쪽에는 모래가 산을 이루었다.

그렇게 작업을 시작한 지 얼마 뒤 에디슨은 1천 톤이나 되는 철을 모았다. 그것도 철 성분이 풍부한 질 좋은 철광석이었다.

그런데 철을 옮기려고 하는데 큰 파도가 밀려왔다. 파도는 철이 쌓여 있는 데까지 밀려와 그것을 한꺼번에 쓸어 가 버렸다. 순식간에 일어난 일이었다. 에디슨의 노력은 파도 앞에서 물거품이 되고 만 것이다. 어쩔 수 없이 다른 철광을 찾아야 했다.

에디슨은 뉴저지 주의 오그스덴스버그 마을 근처에 철광이 묻혀 있다는 것을 알게 되었다. 하지만 큰 바위 밑에 박혀 있어서 바위를 깨뜨리지 않고는 캐낼 수 없었다. 이번에는 바위를 깨뜨릴 방법을 찾아야 했다.

에디슨은 빙빙 돌아가며 바위를 부수는 큰 기계를 만들었다. 회전하는 끝부분은 지름이 아주 작은 것에서부터 2미터가 넘는 것까지 있어서 필요에 따라 바꿔가며 사용했다. 에디슨은 이렇듯 일이 더디게 되면 그 불편함을 받아들이지 않고 보다 더 빨리, 그리고 더 효과적으로 해결하는 방법을 찾아냈다. 그런 태도가 그를 세계 최고의 발명가로 만든 것이다.

이 기계가 돌아가는 소리는 엄청나게 컸다. 귀가 멀 정도였다. 거기다가 깨진 돌이 일으키는 먼지 또한 만만치 않았다. 단단한 돌이 깨지는 상황이니 조용할 리가 있겠는가. 먼지 한 점 일으키지 않고 깨끗하게 진행할 수가 있겠는가.

에디슨은 이 일에 10년을 투자했다. 들어간 돈은 200만 달러였다. 그런데 불행하게도 오대호 근처에서 질이 좋고, 파내기 쉬운 철광이 발견되었다. 에디슨은 이 사람들과 경쟁해야 했다. 결과는 뻔했다. 워낙 많은 돈을 투자했기 때문에 경쟁에서 질 수밖에 없었다. 상대 회사보다 더 비싼 에디슨의 철광을 살 사람은 없었으니까. 이 일로 에디슨은 망할 위기에 놓이게 되었다. 광산 문을 닫았음은 물론이다.

이 무렵 그의 광산 책임자인 마로리 씨에게 어려운 일이 생겼다는 것을 알았다. 그의 어린 딸이 무릎에 생긴 상처로 죽어가고 있다는 것이었다. 무릎 상처의 독이 온몸에 퍼졌던 것이다.

의사는 기온이 33도 아래로 내려가면 살 수 있다고 말했다. 그러나 날마다 푹푹 찌는 무더운 날씨가 계속되었다. 에어컨은 없었고, 선풍기로는 그만큼 온도를 떨어뜨릴 수가 없었다. 결국 어린 소녀는 죽음만 기다려야 했다.

이 사실을 안 에디슨은 마로리의 집에 찾아갔다. 방안 공기를 차게 바꾸면 될 것도 같았다. 그 방법만 알아내면 소녀는 살릴 수 있을 듯 싶었다.

에디슨은 망치와 큰 얼음 덩어리, 그리고 선풍기를 소녀의 방으로 옮겼다. 망치로 얼음 덩어리 가운데를 뚫어 동그란 구멍을 만들었다. 그런 다음 구멍 사이로 바람이 들어와 소녀를 쪼일 수 있도록 선풍기를 돌렸다. 이 덕분에 방안 온도가 4도나 떨어졌다. 소녀는 오랜만에 낮잠을 잘 수 있었다.

소녀는 에디슨 덕분에 생명을 건질 수 있었다. 하지만 여전히 얼굴은 하얗고, 기운은 하나도 없었다. 이번에는 의사가 소녀를 바닷

가나 산으로 데려가야 빨리 나을 수 있다고 말했다. 하지만 소녀는 너무 기운이 없어 먼 데를 갈 수가 없었다.

　에디슨은 또다시 좋은 방법이 없을까 궁리를 했다. 연구소에 있는 화학 약품을 이용한다면 괜찮은 방법을 찾을 수도 있을 것 같았다. 그는 작은 병에 이것들을 넣어 가지고 소녀를 찾아갔다.

　"애야! 어디에 가고 싶으냐?"

잠깐 상식

최초의 과학자는 누구일까?

　최초의 과학자는 마이클 패러데이(1791~1867)이다. 그는 영국의 물리학자이며 화학자이고, 발명가이기도 하다. 에디슨은 이 사람이 많은 부분에서 자신과 닮은 데다 그의 전기 분야의 연구에 감명을 받아 존경했던 인물이다.

　그런데 이 사람 이전에도 뉴턴이나 갈릴레이 같은 많은 과학자들이 있었는데 왜 그를 최초의 과학자라 부르는 것일까. 사실 이유는 간단한 곳에 있다. 그 이전에는 과학자라는 용어가 없었고 지금의 과학자를 철학자라 불렀다.

　그러다가 1840년에 영국 사람 윌리엄 휘엘이 과학자라는 말을 처음으로 썼다. 그 때부터 사람들은 과학자를 철학자와 구분해서 썼다. 그리고 스스로를 과학자라고 생각하는 사람들이 생겨났다.

　윌리엄 휘엘은 마이클 패러데이의 친한 친구였다. 패러데이의 설명을 '이온'·'양극'·'음극'과 같은 말로 이름 붙여 준 사람도 윌리엄 휘엘이었다. 거기다가 마이클 패러데이는 당시 최고의 철학자(곧 과학자)였다. 그 시대를 통틀어 가장 뛰어난 철학자(과학자)였고, 실험 부분에서는 그를 따라올 사람이 없을 정도였다.

　만약 과학자라는 말을 처음으로 쓴 윌리엄 휘엘이 누군가를 과학자로 생각했다면 마이클 패러데이였을 것이다.

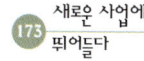

그러자 소녀는 힘없는 목소리로 대답했다.

"산에요. 큰 소나무 밑에 앉고 싶어요."

에디슨은 선풍기 앞에 놓인 얼음 덩어리 위에 화학 약품 몇 방울을 떨어뜨렸다. 그러자 풋풋한 소나무 향기가 온 방에 퍼졌다. 아픈 소녀의 얼굴에도 행복한 웃음이 번졌다.

에디슨이 또다시 다른 약품을 떨어뜨리자 소금 냄새가 확 풍기는 갯내음이 났다. 소녀는 산에서 어느 새 바다로 여행을 온 격이었다. 소녀의 귀엔 철썩거리는 파도 소리가 들려왔다. 하얗게 부서지는 파도도 눈 앞에 보이는 듯했다.

에디슨의 정성으로 소녀는 하루가 다르게 나아졌다. 그리고 얼마 뒤 병은 씻은 듯이 나았다. 에디슨에게 과학적인 지식이 있었기에, 그리고 문제를 꼭 해결하려는 의지가 있었기 때문에 소녀의 생명을 구할 수 있었다. 그의 재능은 세상을 편안하고 살 만한 곳으로 만들었지만 때론 사람의 생명을 구하는 데도 제대로 쓰였다.

1900년과 1910년 사이, 에디슨은 축전지를 만드는 일에 매달렸다. 요사이 손전등이나 시계, 리모컨 따위에 넣는 전지와 같은 종류의 것이 축전지이다.

당시 미국은 자동차 시대가 열리고 있었다. 에디슨이 헨리 포드라는 자동차 발명가를 알게 된 것도 이 시기였다.

자동차를 샅샅이 살펴본 에디슨은 전기 모터나 축전지를 사용해 자동차가 움직일 날도 머지않았다고 생각했다. 그 때의 자동차는 증기 엔진이나 가솔린(석유에서 날아가는 성분을 이루는 색깔 없

는 액체) 엔진을 사용했다. 그런데 증기 엔진은 무겁고, 가솔린 엔진은 고장을 자주 일으켰다.

에디슨은 수명이 긴 데다가 쉽게 쓸 수 있는 축전지를 만들 계획을 세웠다. 그리고 축전지의 양극 사이를 녹이는 산을 사용하지 않고 새로운 물질을 이용해야겠다고 마음 먹었다. 다시 말해 산을 사용하지 않은 알칼리 축전기를 발명할 생각이었다. 그러나 생각만큼 쉽지 않은 일이었다.

에디슨은 처음 5년 동안 쉬지 않고 연구를 거듭한 끝에 괜찮은 전지를 만들었다. 그러나 완전한 것은 아니었다. 에디슨은 자기 마음에 들지 않은 그 전지를 사람들이 쓰는 게 내키지 않았다. 그래서 시장에 깔려 있는 전지를 거둬들였다.

연구는 다시 계속되었다. 에디슨은 10년 동안 5만 번이나 실험을 했다. 하루에 적어도 13번 이상 실험해야 가능한 일이었다. 에디슨은 다른 직원들보다 보통 두 배의 일을 했다. 일주일에 116 시간 일을 할 때도 많았다. 일주일이 168 시간이라는 사실을 알고 나면 그가 얼마나 열심히 일을 했는지 알 수 있을 것이다.

그러던 어느 날 아침이었다. 밤새껏 축전지 실험에 빠져 있던 에디슨이 흐뭇한 표정을 지었다. 그 모습을 본 직원 한 명이

"실마리를 찾으셨군요."

했다. 그러자 에디슨은

"아니네. 하지만 중요한 사실을 알았다네. 지금까지 실험에 쓴 재료는 하나도 쓸모가 없다는 사실 말이야."

뜻밖의 대답을 들은 직원은 다시 물었다.

"그렇다면 흐뭇해야 할 이유가 없지 않습니까?"

에디슨은 빙그레 웃으며 한 마디 던졌다.

"다시 시작할 자신이 있으니 흐뭇할 수밖에."

에디슨은 이러한 끈기로 몇 해 동안 축전지 실험을 반복했다. 그리고 마침내 마음에 드는 축전지를 발명했다. 에디슨은 거미줄보다 얇고 가벼운 니켈판을 사용하면 N극과 S극 사이에 열이나 전기가 옮겨가는 성질이 높아진다는 사실을 발견했다.

에디슨이 발명한 축전지는 오늘날에도 철도의 신호기처럼 오래 사용할 수 있는 곳에 쓰이고 있다.

에디슨은 축전지를 만드는 짬짬이 시멘트 공장도 운영했다. 철근 콘크리트로 집을 짓는 데 관심을 갖게 된 것이다. 그의 시멘트 공장은 많은 돈을 벌어들였다. 시멘트를 이용해 집을 짓는 사람들이 늘어났기 때문이다. 시멘트를 보면서 좋은 생각이 떠오른 에디슨은 조립식 집도 새로 발명했다. 에디슨의 머리는 잠시도 쉬지 않고 움직였다.

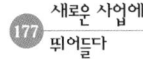
새로운 사업에 뛰어들다

분석해서 보기
발명왕 에디슨

혼자서, 또는 여러 전문가들과 함께 끊임없이 발명을 한 발명왕 에디슨. 그가 얻은 특허권만 해도 1,093개나 된다. 그는 가장 많은 특허권을 가진 사람이다.

그렇게 많은 에디슨의 발명품 중에서 대표적인 것들을 꼽으라면 어떤 것을 선택해야 할까. 아무래도 많은 사람들이 사용을 하고, 많은 사람들에게 도움을 주었던 것들을 꼽아야 되지 않을까. 그리고 그가 살아 있을 때 많은 힘을 기울여 만들었던 것들이 그의 대표적인 발명품이 아닐까.

에디슨이 발명한 자동 전보기

이 중 다섯 가지만 선택한다면 축음기와 탄소 송화기(전화기), 백열 전등과 전력 체계, 발전기, 가정용 영사기 등을 꼽을 수 있다. 이것들 중에서도 그의 가장 대표적인 발명품은 전등이다.

영사기 앞에서 영화 필름을 보는 에디슨

일반 가정에서도 사용할 수 있었으며, 단지 전등만 발명한 것이 아니라 그것과 관계가 있는 물품들이나, 예전의 것에 비해 훨씬 뛰어난 발전기를 발명해 인류 발전에 크게 기여했다. 단지 어두운 밤을 밝힌 것에 머물지 않고 전력으로 전기톱과 같은 다른 물건의 사용도 훨씬 편리하게 바꾸어 놓은 것이다.

1920년 미국의 뉴욕 타임스가 에디슨이 한 일을 돈으로 계산하면 150억 달러 이상이 된다는 기사를 썼다고 한다. 굳이 돈으로 계산하지 않더라도 그가 미국과 인류 사회에 큰 기여를 했다는 것을 부정할 사람은 아무도 없을 것이다.

전쟁과 휴식

전쟁을 좋아하는 사람이 어디 있겠는가? 에디슨도 전쟁을 싫어 했다. 그러나 싫다고 피할 수 있는 것만은 아니었다. 에디슨은 자신의 생각과 달리 전쟁의 영향을 받을 수밖에 없었다. 그리고 어쩔 수 없는 상황에서 전쟁에 참여하게도 된다.

1914년 제1차 세계 대전이 발발했다. 미국은 영국과 독일이 바다에서 싸움을 벌이자 어려운 처지에 놓이게 되었다. 영국이 화물을 실은 독일 배를 막자 독일에서 수입하던 많은 화학 약품이 미국에 올 수 없었던 것이다. 이 약품 중에는 석탄산도 있었는데 이것은 에디슨에게도 필요한 것이었다. 레코드를 만들려면 하루에 1톤 하고도 절반 가량의 석탄산이 있어야 했다. 미국의 수백 개에 달하는 공장들도 제품을 만드는 데 이 약품이 꼭 필요했다.

수입의 길이 막혔으니 미국 내에서 해결해야 했다. 그러나 미국에서는 나오는 길이 없었다. 결국 인공으로 만드는 수밖에 없었다. 그 일은 에디슨의 몫이었다. 누구보다 급하게 필요한 사람이 그였으니까.

에디슨은 연구소에 사흘 밤낮을 쉬지 않고 석탄산을 인공적으로 만드는 법을 생각했다. 혼자 힘으로는 해결 방법이 쉬 떠오르지 않자 화학 약품을 만드는 전문가 몇 명을 연구소로 불렀다. 설명을 들은 그들은 석탄산을 만들려면 적어도 6개월이 걸린다고 말했다. 그들을 통해 좋은 방법을 얻어 내려 한 에디슨은 실망만 했다.

그러나 포기하고 있을 수는 없었다. 그는 우선 공장부터 세웠다. 17일이라는 짧은 기간 동안 서둘러 지은 공장이었다. 기계를 옮겨 오고 석탄산을 인공으로 만들어 냈다. 불과 며칠 만에 이루어진 결과였다. 생산까지는 6개월이 걸린다고 말한 이 분야 전문가들은 놀랄 수밖에 없었다.

1917년 미국은 독일과 전쟁을 시작했다. 해군은 독일 잠수함의 공격을 피하는 과학적인 방법을 알고자 했다. 그래서 에디슨에게 도움을 청했던 것이다. 에디슨은 어려움에 처한 나라를 구하기 위해 다른 발명은 뒤로 미루고 그 일에 매달렸다.

그 결과 잠수함을 피하는 마흔 가지 방법을 찾아냈다. 그의 도움으로 해군은 큰 성과를 얻었다. 해군은 감사하는 마음을 담아 그에게 최고 명예 훈장을 주었다. 군인이 아닌 일반 국민에게는 처음 주는 훈장이었다.

에디슨은 자신이 갖고 있는 과학 지식을 살려 어려운 처지에 놓인 나라를 구하는 데 힘을 보탰다. 그는 알고 있었던 것이다. 조국이 있기에 자신이 마음놓고 발명에 전념할 수 있다는 것을.

전쟁이 끝났을 때 에디슨의 나이는 어느 새 일흔 살이었다. 할아버지가 되어 있었던 것이다. 나이를 먹어 기력이 떨어졌다. 그래서 그는 좀 쉬고 싶었다. 하루에 8시간 정도 자야겠다는 생각도 했다.

에디슨은 우선 여행부터 떠나기로 했다. 자동차 회사 사장인 포드, 고무를 생산하는 파이어스톤 같은 친구들과 떠나는 여행이었다. 이들은 1년 동안 계속 여행을 했다.

이들은 젊은이들의 여행을 본떠 즐겁게 지내려 했다. 보이스카우트 흉내도 내고, 낡은 옷을 걸치고 천막에서 자기도 했다. 이런 여행은 그들의 신분을 숨기기에 안성맞춤이었다. 에디슨, 포드, 그리고 파이어스톤은 미국을 대표하는 사람들이었기에 기자들이나

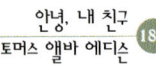

잠깐 상식

석탄산은 무엇이며 어떤 용도로 쓰이나?

이 물질은 독특한 냄새가 나며 물에 녹는다. 바늘 모양으로 된 색깔이 없는 무색의 덩어리이거나 흰빛이 나는 덩어리이다. 석탄 타르를 분류하거나 벤젠을 원료로 하여 합성한다. 그리고 방부제나 소독제로 사용한다. 이 물질은 합성 화학의 중요한 원료이며 페놀(phenol)이라 불린다.

사람들이 금세 알아보았던 것이다. 아무튼 에디슨은 젊은 시절 누리지 못한 자유를 나이 일흔 살이 되어서야 마음껏 누렸다.

할아버지가 되었지만 에디슨은 좀 별난 데가 있었다. 그가 옳다고 생각하는 대목은 끝까지 양보하지 않는다는 점이었다. 그런 고

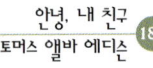

재미있는 발명 이야기

우연한 발명과 발명품들

노벨상을 만든 노벨. 그는 1875년 니트로글리세린을 실험하고 있었다. 손가락을 다쳐 액체 반창고인 콜로디온을 바르고 실험 중이었다. 그런데 우연히 니트로글리세린이 콜로디온에 묻어 그 모습이 변했다. 노벨은 여기서 힌트를 얻어 두 물질을 섞어서 끓였다. 그러자 투명한 젤리가 되었다. 이것이 다이너마이트보다 훨씬 강력한 힘을 가진 '젤라틴 폭탄'이 되었다. 손가락을 다치지 않았다면 발명되지 못했을 발명품이다.

1876년 대학 교수로 부임한 프랑스의 식물학자 미야르데(1838~1902)는 포도의 병충해를 막는 방법을 연구했다. 당시 프랑스는 많은 포도밭을 갖고 있었는데 노균병에 걸려 나무가 죽거나 열매가 상해 큰 피해를 입고 있었다. 그런데 포도를 훔쳐가고 따가는 사람들로부터 포도를 지키기 위해 보르도액을 발라 놓은 나무는 노균병에 걸리지 않는다는 것을 발견했다. 보르도액은 녹색이어서 마치 독약처럼 보이는 데다 나쁜 맛이 나 사람들로부터 포도를 지키는 데는 제격이었다.

미야르데는 보르도액 속에 들어 있는 구리 이온이 곰팡이에서 생기는 이 병을 막아 낸다는 것을 알아내고 실험을 해 보았다. 실험 결과 효과가 있음을 안 그는 약으로 생산을 해 농촌에 보급했다. 그리고 감자나 토마토 등의 질병에도 이 농약이 효과가 있다는 실험 결과도 내놓았다. 우연한 기회에 만들어진 농약이지만 그의 뛰어난 관찰력이 없었다면 발명되지 못했을 것이다.

옛날에는 진통제나 마취제가 없었다. 그래서 어디를 째거나 찢어진 부위를 수술한다는

집이 세계 최고의 발명왕으로 만들었겠지만 말이다.

　여행 길에서 있었던 일이다. 세 명의 노인네는 대서양에 배를 띄우고 낚시를 하고 있었다. 이틀 밤낮을 그러고 있었지만 고기 한 마리 입질을 하지 않았다. 두 노인은 그만 포기하고 돌아가자고 했

것은 고문이나 다름없었다. 환자의 몸을 쇠사슬로 묶은 뒤 외과 의사가 톱이나 망치를 써서 무지막지하게 수술을 했다. 수술 뒤에는 피가 흐르는 것을 막기 위해 불에 빨갛게 달군 인두로 상처 부위를 지졌다. 외과 의사가 따로 있는 것이 아니라 이발사가 그 역할을 했다.

　프랑스 사람 파레(1510~1590)는 어려서부터 외과 의사(곧 이발사)가 되고 싶었다. 그래서 여러 이발소를 다니며 이발 기술과 기본적인 의술을 배워 1537년에 정식으로 외과 의사 자격증을 땄다. 당시 프랑스는 전쟁 중이어서 다친 군인들이 많았다. 몸 속에 총알이 박힌 군인들은 상처 부위를 칼로 째서 펄펄 끓는 기름을 붓는 방식으로 치료를 했다. 뜨거운 기름이 상처를 소독한 후에 막을 형성해 상처를 빨리 아물게 한다고 믿었던 것이다. 파레도 그 치료법이 맞다고 생각했다.

　그런데 하루는 총을 맞은 군인들이 많이 몰려 왔는데 끓여 놓은 기름이 다 떨어지고 없었다. 파레는 생각 끝에 달걀 노른자, 장미 기름, 테르펜유 등을 섞어서 고약처럼 만들어 약이라고 속여 발라 주었다. 그는 가짜약 때문에 한숨도 못 자고 병원에 나갔는데 가짜약을 바른 환자들의 상태가 아주 좋아진 것을 발견했다. 대신에 기름을 부어 치료해 준 환자들은 상처가 부어올라 고통이 이만저만 아니었다.

　그는 그 때서야 끓는 기름 치료법이 틀리다는 것을 알게 되었다. 그는 그 가짜약을 새롭게 만들어 응급 치료제로 사용했다.

　이렇듯 역사에는 우연한 기회에 뜻하지 않게 발명된 것들이 많다. 하지만 잘 생각해 보면 우연이라는 것도 없다. 그것에 대해 끊임없이 생각하고 연구했기 때문에 우연히 찾아온 기회도 놓치지 않았을 테니까.

다. 그러나 에디슨은 고기가 물 때까지 꼼짝하지 않겠다고 버텼다. 배의 닻을 올리고 돌아가야 한다고 친구들이 설득했지만 그는 들은 척도 하지 않았다. 결국 어쩔 수 없이 돌아오긴 했지만 에디슨은 꼭 그 자리에 와서 낚시를 다시 하겠다고 말했다.

에디슨은 엉뚱한 구석도 있었다. 보통 때는 사람들을 친절하게 잘 대한다. 그러나 기분이 상하면 상대방을 물어뜯고, 소리를 고래고래 지르기도 했다. 평범한 성격을 갖고 있지는 않았던 것이다.

1920년 미국의 한 신문사인 뉴욕 타임스는 에디슨이 한 일을 돈으로 계산하면 150억 달러 이상이나 된다는 기사를 썼다. 지금 돈의 가치로 계산을 해도 15조원이 넘는다. 그런데 80년 전에 이런 가치 평가를 했으니 미국이 에디슨을 얼마나 위대하게 생각하는지 가늠해 볼 수 있을 것이다.

에디슨은 고무 나무 연구를 시작했다. 여든 살이 넘어 갑자기 식물에 관심을 갖게 된 이유는 무엇일까. 친구인 포드와 파이어스톤이 그에게 고무에 관한 연구를 부탁했던 것이다.

고무는 자동차 바퀴를 만드는 것으로 자동차에서 없어서는 안 될 물질이다. 만약에 전쟁이 나서 외국에서 고무를 수입하지 못한다면 곤란한 일이 벌어질 수도 있었다. 그 때까지만 해도 미국에는 고무 나무가 없었다. 따라서 미리 연구를 해 두어야 했다.

에디슨은 식물 연구소를 세웠다. 그 곳에서 1만 7천 가지가 넘는 식물을 실험했다. 그 결과 고무가 많이 나오는 미역취를 만들어 냈다. 미국에서도 고무를 생산할 수 있게 된 것이다. 그러나 제2차

세계 대전 중에 합성 고무를 만드는 법이 발명되면서 그의 연구는 쓸모가 없어졌다. 기분 나쁠 일은 아니었다. 그 덕에 고무 생산은 훨씬 쉽게, 그리고 훨씬 빨리 이루어졌으니까.

발명왕 에디슨과 자동차왕 포드

　1929년 10월은 에디슨에게 잊을 수 없는 날이었다. 그가 살아 있는 동안 누릴 마지막 행복의 순간이 될지도 몰랐다.
　그의 친구 포드는 에디슨을 위해 무엇인가 특별한 일을 하고 싶었다. 에디슨이 그보다 열여섯 살이나 많았지만 두 사람은 친구 같은 사이였다. 그가 자동차를 만든다고 애쓸 때 곁에서 격려를 아끼지 않은 사람이 에디슨이었다. 그래서 그는 늘 에디슨을 고마운 사람으로 기억하고 있었던 것이다.
　포드가 에디슨을 위해 꾸민 일은 멘로파크에 있는 연구소를 미시간 주의 그린필드 마을로 그대로 옮겨 오는 것이었다. 그린필드에는 오래 된 집과 건물들이 모여 있었다. 포드는 미국의 과거를 느낄 수 있는 집이나 건물 따위를 이 마을에 옮겨 보존하려는 계획을 세웠다. 에디슨의 연구소도 그 중 하나였다. 에디슨의 연구소가 오래 되지는 않았지만 보존할 만한 가치가 있다고 생각했던 것이다.

에디슨 박물관. 미시간 주에 있다.

에디슨은 백열 전등 발명 50주년을 축하하는 잔치에 참석하기 위해 기차에 올랐다. 이 행사는 그린필드 마을에서 열리기로 되어 있었다. 기차가 여러 주를 지날 때마다 에디슨은 젊은 시절 자신의 모습이 떠올랐다. 그러나 차창 밖은 옛날 모습이 아니었다. 그가 발명한 여러 가지 것들 때문에 지나가는 곳마다 바뀌어 있었던 것이다. 그의 특허를 사용하는 전기 회사들도 쉽게 볼 수 있었다.

그가 그린필드 마을이 있는 미시간 주의 역에 도착하자 누군가가 에디슨 일행에게 다른 기차로 갈아타도록 했다. 그 기차로 옮겨 가자 에디슨은 깜짝 놀랐다. 소년 시절 신문과 땅콩을 팔았던 그 기차가 거기 있었다. 술 먹고 잠든 기관사 곁에서 운전한 적이 있는, 장작을 때서 달리는 그 기차였다. 손님들이 타는 객차도 70년 전 모습 그대로였다. 포드는 그 기차를 어디에서 구했는지 깨끗이 손질해 에디슨 앞에 선을 보였던 것이다.

포드는 에디슨을 끌고 기차 끝 칸으로 갔다. 그 곳은 화물칸이었

다. 그 곳에는 화학 약품을 둔 선반이며 실험 도구들이 있었다. 기차 안에 실험실을 마련했던 에디슨의 소년 시절 실험실 그대로였다.

화물칸 구석에는 인쇄기도 있었다. 에디슨은 신문을 만들던 때가 생각났다. 그래서 이 인쇄기를 이용해 신문 몇 부를 찍어 보았다. 10대 소년 시절로 돌아간 기분이었다. 마음이 들뜬 에디슨은 포드와 함께 그 시절을 회상하며 마음껏 떠들어댔다.

한쪽에는 앞치마와 땅콩, 과일, 신문이 들어 있는 바구니가 놓여 있었다. 그것 역시 신문을 팔던 소년 시절의 그가 들었던 바구니 그대로였다. 에디슨은 그것을 들고 손님들이 타고 있는 객차로 갔다. 그리고 큰 소리로 외쳐댔다.

"신문이요! 과일! 땅콩도 있어요!"

여든 살이 넘은 할아버지 에디슨은 10대의 풋풋했던 그 때 생각이 나 마냥 즐거웠다.

그런데 갑자기 잘 달리던 기차가 갑자기 브레이크를 걸면서 멈추어 섰다. 에디슨은 차창 밖으로 고개를 내민 채 무슨 일인가 싶어 주변을 살펴보았다. 그 때였다. 또 한 번의 놀라운 일이 벌어졌다. 화물칸에서 인이 엎질러지면서 기차 안에 불이 난 것이 아닌가. 소년 시절 기차 안의 실험실에서 불이 났던 것처럼. 다른 것이 있다면 그 당시 그는 기차 밖으로 쫓겨났지만 지금은 미국 대통령 후버의 도움으로 기차에서 내렸다는 점이다. 기차에서 내린 그는 한 번 더 놀라야 했다.

분석해서 보기
에디슨의 친구, 자동차의 왕 포드

자동차왕 헨리 포드(1863~1947)

영국에서 농부의 아들로 태어났다. 농사를 몇 해째 망쳐서 먹고 살 길이 막막해지자 그의 가족은 미국으로 이민을 갔다. 그는 유난히 수학과 기계 다루기를 좋아했다. 특히 고장난 기계를 다루라고 하면 신바람이 났다.

그가 청년이 되었을 때 미국은 전화가 생기고, 전등이 설치되고, 철도가 놓여 기차가 달렸다. 또 한쪽에서는 철공업이 발전하고 있었다.

그는 가족 곁을 떠나 에디슨 전기 회사의 디트로이트 출장소에 취직을 하여 발전기를 다루었다. 그는 이 곳에서 열심히 일해 기계 부장이 되었다. 출장소에서 퇴근하고 집에 돌아와서는 쇳덩어리를 두들겨 자동차 만드는 일에 매달렸다. 밤마다 그가 시끄럽게 하자 사람들은 그를 무척 싫어했다.

그러던 어느 날 새벽 3시가 되었는데 그는 자동차를 완성했다며 시범 운전을 해야 한다고 밖으로 나갔다. 자동차 앞에다 등불을 단 자동차는 우스꽝스러웠지만 시동을 걸자 빠른 속도로 달렸다. 자동차 발명이 성공을 거둔 것이다. 그의 나이 스물일곱 살 때였다.

그 뒤 3년이 지나 그는 에디슨을 만나게 되었다. 뉴욕에서 열리는 에디슨 전기 회사 총회에 디트로이트 출장소 대표로 참석한 것이다. 에디슨은 그에게 자동차에 대해 설명을 해 달라고 부탁했다. 그리고 좋은 자동차를 만들어 달라고 주문을 했다. 아내를 빼고 그를 인정해 주는 사람은 한 명도 없었다. 그런데 미국 최고의 발명가인 에디슨이 그를 인정해 준 것이다.

그는 달리는 말을 이길 수 있는 자동차를 만들고 싶었다. 다행히 많은 돈을 가진 친구의 도움으로 자동차 만드는 일에만 매달릴 수 있었다. 8개월 뒤 그는 자동차를 만들어 경주에 나가 1등을 했다. 이 일을 계기로 많은 사람들이 그에게 관심을 가져 주었다. 그 뒤에도 그는 4개의 실린더가 달린 자동차를 만들어 자동차 경주에 나가 800미터 차이로 다른 차를 따돌리고 1등을 했다.

그리고 1903년 6월 16일, 꿈에도 그리던 포드 자동차 주식 회사를 차렸다. 자동차 만들기가 본격적으로 시작되었다. 다른 차들이 8만 달러라는 비싼 돈으로 팔려 나갈 때 그의 차는 850달러라는 아주 싼 값으로 팔렸다.

그 덕에 자동차를 만들어 달라는 주문이 몰려들었다. 첫 해에 1,708대를 팔았다. 이 때 당시의 생산 능력으로는 많은 양이었다. 이로써 포드는 세계적인 자동차 왕국의 제왕이 되었다.

그는 제2차 세계 대전까지 2,900만 대라는 엄청난 양의 자동차를 만들었다.

그가 내린 기차역은 야단을 맞고 기차 밖으로 쫓겨났던 그 역이었다. 사실은 포드가 에디슨을 깜짝 놀라게 하려고 그 역을 송두리째 사서 그린필드 마을에 그대로 옮겨 놨던 것이다. 에디슨은 감동하지 않을 수 없었다.

정작 에디슨을 놀라게 한 것은 그린필드 마을에 있었다. 마을에 들어서자 포드는 에디슨을 멘로파크에 있는 거리로 안내했다. 호주머니에 손을 찌른 채 집과 연구소를 오갔던 그 거리. 그 곳엔 50년 전과 똑같이 엉성하기 짝이 없는 전봇대가 세워져 있었고, 전구가 매달려 있었다. 거리 한쪽에는 멘로파크 연구소와 공장 건물들, 기숙사도 보였다. 옛날 모습 그대로였다. 이것들 역시 포드가 똑같이 만들어 낸 작품이었다.

현관문을 지나 건물 안으로 들어간 에디슨 눈에는 사무실과 도서실, 실험실 따위가 차례로 들어왔다. 어디선가 '사장님!' 하며

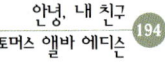

에디슨이 남긴 말들 2

1. 천재란 99퍼센트의 노력과 1퍼센트의 영감으로 만들어진다.
2. 100퍼센트 만족하는 사람을 만나게 해 달라. 그 사람이 착각하고 있다는 것을 가르쳐 주겠다.
3. 어떤 일을 이루려고 애쓸 때 높은 암벽을 기어오르는 것 같았다.
4. 절망하는 것은 스스로 용서하지 않았다.
5. 나는 발명을 계속하기 위한 돈을 얻기 위해 언제나 발명을 한다.
6. 우리가 한 일이 세상을 조금이나마 행복하게 만들었다면 만족한다.

직원이 튀어나올 것만 같았다. 그런데 그런 생각 또한 현실이 되어 그의 눈앞에서 벌어졌다. 그의 충실한 조수 프랜시스가 서 있었던 것이다. 변호사 롤리의 소개로 에디슨의 조수가 되었던 프랜시스. 그는 일흔 살 된 할아버지가 되어 있었다.

프랜시스는 오랫동안 유럽의 한 회사에서 중요한 직책을 맡아 보고 있었다. 그런데 포드가 만들어 낸 이 곳 그린필드의 에디슨 기념 박물관의 책임자가 되기로 했다. 그것이 그를 훌륭한 과학자로 키워 준 에디슨의 은혜에 보답하는 길이라고 생각한 것이다.

에디슨은 프랜시스와 함께 포드가 만들어 낸 연구소를 샅샅이 살펴보았다. 에디슨의 손때가 묻은 화학 약품들, 필라멘트 재료들, 그리고 실험 도구들이 옛 모습 그대로 재현되어 있었다. 에디슨도 프랜시스도 가슴이 벅찼다.

"99.9 퍼센트 그대로 재현했어!"

감격에 찬 에디슨의 함성에 포드가 넌지시 물었다.

"그럼 나머지 0.1퍼센트는 뭐죠?"

"그 땐 바닥이 이렇게 깨끗하지 않았다네."

모두들 흐뭇한 표정으로 웃었다.

실험실에 앉은 에디슨은 그 때처럼 실험을 시작했다. 필라멘트를 넣은 전구를 다시 만드는 실험이었다. 여든두 살이 된 에디슨의 손가락은 섬세하게 움직였다. 그의 곁에 앉은 프랜시스도 펌프를 움직이는 법을 잊지 않고 그 때처럼 에디슨을 도왔다.

1929년 10월 21일은 백열 전등 발명 50주년 기념 잔치가 열리는 날이었다. 이 잔치에는 미국 대통령 후버를 비롯해서 라듐을 발견한 퀴리 부인, 세계 최초로 비행기를 발명한 라이트 형제도 참석했다. 전세계에서 초대받은 500명의 사람들이 함께 한 행사였다. 행사장은 전구를 발명하기 전의 어두컴컴한 세계를 기념하기 위해 촛불이 켜졌다.

밤이 되어 만찬이 시작되었다. 만찬 중간에 에디슨은 후버 대통령과 포드, 프랜시스와 함께 행사장을 빠져나왔다. 그리고 그린필드 마을에 마련된 멘로파크 연구소로 갔다. 네 사람은 이 곳에서 진공 펌프로 전구 속의 공기를 빼내고 전구를 막아 전류를 통하게 하는 작업을 했다. 전구가 밝은 빛을 내기 시작했다. 행사장에 있는 사람들도 라디오를 통해 중계 방송을 듣고 있었다. 이미 계획된 행사의 일부분이었던 것이다.

네 사람이 돌아오자 그 때까지도 촛불이 켜져 있던 행사장은 대낮처럼 밝아졌다. 에디슨이 발명한 전구 수백 개를 켜 환하게 밝혔던 것이다.

행사장을 가득 메운 사람들의 박수 소리로 행사장은 그야말로 잔칫집이 되었다. 이 행사는 라디오를 통해 여러 나라에 방송이 되었다.

행사의 주인공인 에디슨이 일어나 소감을 밝혀야 할 차례가 되었다. 그런데 그는 두 달 전에 병을 앓아 몸이 많이 약해져 있었다. 그의 아내 미너는 걱정스러운 눈빛으로 그를 바라보았다.

"오늘 제가 이런 영광의 자리에 서게 된 것은 많은 과학자들과

기술자들 덕분입니다. 그분들의 도움이 있었기에 제가 영광스러운 자리에 설 수 있는 것입니다. 만약 제가 한 일이 이 세상에 조금이라도 도움이 되었다면 저는 그것으로 만족합니다."

에디슨의 연설에 사람들은 박수 갈채를 보냈다. 그러나 아내 미너는 남편이 많이 힘들어하고 있다는 것을 눈치챘다. 그래서 주위 사람들의 도움을 받아 그를 옆방으로 옮겼다. 대통령을 치료하는 의사가 그를 응급 치료했다. 에디슨은 걱정스럽게 자신을 바라보는 사람들에게 아무렇지도 않다는 듯이 말했다.

"별일 아닙니다. 걱정할 것 없어요. 좀 흥분했을 뿐이에요."

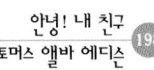

에디슨은 그 뒤 2년을 더 살았다. 그리고 여든네 살이 되는 1931년 10월 18일에 세상을 떠났다. 세계적인 발명왕 에디슨도 죽음 앞에서는 예외가 아니었다. 에디슨은 죽음을 앞두고 아내에게 그가 가게 될 세상이 무척 아름답다고 말한 적이 있었다. 그는 죽음을 두려워하지 않았던 것이다. 세상에 태어났듯이 세상을 등지는 것 또한 자연스럽게 받아들였다.

그의 장례식은 사흘 뒤에 이루어졌다. 그는 마지막까지 연구를 했던 웨스트 오렌지에 묻혔다. 그의 장례 행렬에는 다정한 벗 포드도 끼어 있었다. 포드는 자꾸만 흘러내리는 눈물을 훔쳐 냈다.

에디슨이 땅에 묻히던 날, 사람들은 한동안 전등을 끈 채 그의 죽음을 함께 슬퍼했다.

토머스 앨바 에디슨의 연보

1847년 2월 11일.   미국 오하이오 주 밀란에서 태어남.

1855년 (8살).   학교에 들어갔으나 석 달 만에 그만두고 어머니로부터 교육을 받음

1857년 (10살).   집 지하실에 실험실을 만듦

1859년 (12살).   기차에서 물건을 팔아 돈을 벌기 시작함

1863년 (16살).   기차역에 야간 통신사로 취직

1868년 (21살).   보스턴에서 통신사로 일함

　　　　　　　　최초의 발명품인 전기 투표 기록기로 특허를 얻음

1869년 (22살).   발명가로 평생 살기로 결심하고 직장을 그만둠

　　　　　　　　폽·에디슨 합작 회사 세움

1870년 (23살).   뉴어크에 실험실과 공장을 세워 전기 연구에 힘을 쏟음

1871년 (24살).   어머니 낸시 죽음

　　　　　　　　마리라는 여성을 아내로 맞아들임

1872년 (25살).   2중 송신 장치 발명

1876년 (29살).   멘로파크에 연구소를 세움

　　　　　　　　송화기 발명

1877년 (30살).   축음기 발명

1878년 (31살).   에디슨 전기 회사 세움

1884년 (37살).   아내 마리 죽음

1886년 (39살).   미너라는 여성을 새 아내로 맞아들임

1889년 (42살).   키네토스코프 발명

1895년 (48살).	엑스선 현미경 발명
1909년 (62살).	축전지 발명
1912년 (65살).	축음기와 키네토스코프를 연결한 키네토폰 발명
1929년 (82살).	백열 전구 발명 50주년 행사에 참가
1931년 (84살).	10월 18일 세상을 떠남